Ungewöhnliche Hotels

JONGLEZ VERLAG

INHALT

AMERIKA

Kanada
Free Spirit Spheres ... 7

Mexiko
Quinta Real Zacatecas ... 9

Costa Rica
Costa Verde ... 11

Panama
Canopy Tower ... 13

Peru
Skylodge Adventure Suites ... 15

Chile
Hotel Montaña Mágica ... 19

EUROPA

Vereinigtes Königreich
The Egyptian House ... 21
Gothic Temple ... 23
Balancing Barn ... 29
House in the Clouds ... 33
The Pineapple ... 35
Das Gormley-Zimmer im Hotel Beaumont ... 39
A House for Essex ... 43

Frankreich
Le carré Rouge ... 47
Die Baumhäuser des Châteaus du Val d'Arguenon ... 49
Villa Cheminée ... 51
Der Buron von Niercombe ... 53
Cadoles de la Colline du Colombier ... 55
Das Hôtel Le Corbusier ... 57
Das Baumhaus von Château de Valmer ... 59
Das Zimmer Jean Prouvé der Fondation CAB ... 61
La Citerne-Lit ... 65

Belgien
„Best of Home" im Hotel Martin's Patershof — 67

Niederlande
Hotel Inntel Zaandam — 69

Spanien
Marqués de Riscal — 70
Hotel Puerta América Madrid — 75
Hotel Raluy Legacy — 77

Portugal
Palace Hotel Do Bussaco — 79

Italien
Villa Crespi — 83
Atelier sul Mare — 87
Die Präsidentensuite des Hotel Principe di Savoia — 89
Villa Medici — 91

Tschechische Republik
Hotel Ještěd — 97

Deutschland
V8 Hotel — 99

Österreich
Rogner Bad Blumau — 100
Das Baumhaus im Almdorf Seinerzeit — 105

Schweiz
Whitepod Eco-Luxury Hotel — 107
Iglu-Dorf — 109

Schweden
Kolarbyn — 111
Treehotel — 113
Jumbo Stay — 119
Icehotel — 121
Arctic Bath — 123

AFRIKA

Tansania
Unterwasserzimmer im Manta Resort — 129

Südafrika
The Grand Daddy — 133
Die Skysuite im Naturreservat Kagga Kamma — 135
Kruger Shalati — 139

Kenia
Hippo Point Wildlife Sanctuary — 143
Loisaba Star Bed — 145
Giraffe Manor — 149

Senegal
Niassam Hills Lodges — 155

NAHER OSTEN

Vereinigte Arabische Emirate
Atlantis, The Palm — 157

ASIEN

Sri Lanka
Ulpotha — 161
Taprobane Island — 163

Malediven
Die Muraka-Residenz im Conrad Maldives Rangali Island Resort — 165

Vietnam
Crazy House – Hang Nga Guesthouse — 169

China
Sheraton Huzhou Hot Spring Resort — 171

Japan
Benesse Art House — 175
Treeful Treehouse Sustainable Resort — 177
House of Light — 181

Free Spirit Spheres

Wohnen auf und zwischen den Bäumen

Vancouver Island ist die größte nordamerikanische Pazifikinsel. Sie gehört zu Kanada und ist nicht nur aufgrund ihrer schönen und vielfältigen Landschaft eine Reise wert, sondern auch wegen einer außergewöhnlichen Übernachtungsmöglichkeit hoch über dem Boden. In einem Waldstück befinden sich drei Baumhäuser, die wie riesige Christbaumkugeln aussehen. Sie heißen Eve, Eryn und Melody, bestehen aus Holz, beziehungsweise aus Glasfaser. In das kleinste Baumhaus, Eve, passt nur eine Person hinein. Eryn, die größte Kugel, bietet bequem Platz für zwei Personen, eine dritte Person kann im Hochbett schlafen.

Wenn Wind aufkommt, bewegen sich die Kugeln nur ganz leicht, mit einem langsamen, sanften Schaukeln. Die Seile sind fast senkrecht gespannt, sodass die Kugeln kaum Spielraum haben, selbst wenn die Baumkronen sich stark wiegen sollten. In den Kugeln wird man selbst Teil des Waldes. Gesund ist dieses ausgedehnte Waldbaden durch die Terpene allemal, auch der Geist kommt mal zur Ruhe – gut für die Kreativität!

Die wunderschön gefertigten Holzkugeln sind im Yachten-Stil eingerichtet, der durch Messingbeschläge, lackierte Holzelemente und Bambustüren gekennzeichnet ist.

Die Baumhäuser haben Schränke auf beiden Seiten der Tür, um die Türöffnung zu verstärken, und bieten zusätzlichen Stauraum. Am Fuß der Kugeln befindet sich eine Gemeinschafts-Komposttoilette.

Die sanitären Einrichtungen liegen 60 Meter von den Kugeln entfernt und umfassen zwei Waschräume und zwei Duschen. Den Gästen steht darüber hinaus eine Sauna zur Verfügung und es gibt eine überdachte Terrasse mit Grill und Picknickmöglichkeiten. Bettzeug und Handtücher werden gestellt.

Quinta Real Zacatecas

Früher eine Stierkampfarena, jetzt ein Luxushotel

Auf der Plaza de Toros San Pedro sind die Rinder zurück – allerdings nur auf der Speisekarte. Denn die 1866 erbaute Stierkampfarena ist heute kein Schauplatz der Matadorenkunst mehr. Als sie 1975 geschlossen wurde, drohte ihr der Abriss. Zwar wurde sie, zum Glück, vom mexikanischen Staat unter Denkmalschutz gestellt, war aber weiterhin dem Verfall preisgegeben. Im Auftrag der Hotelmarke Quinta Real wurde sie über einen Zeitraum von zwei Jahren zum Hotel umgebaut, das 1989 schließlich seine Türen für Gäste öffnete. Die gelungene Sanierung wurde von Architekten und Reisenden, die außergewöhnliche Orte zum Übernachten schätzen, vielfach gelobt und gewürdigt.

Der historische Kern der berühmten Silberminenstadt Zacatecas gehört seit 1993 zum UNESCO-Weltkulturerbe. Es gibt viele historische und kulturelle Sehenswürdigkeiten, wobei die Stierkampfarena das Stadtzentrum dominiert.

Quinta Real Zacatecas ist Luxushotel und historisches Denkmal in einem. Die Zimmer sind auf die Plaza ausgerichtet. Reisende erwartet eine luxuriöse, aber dennoch schlichte und komfortable Einrichtung.

Die ursprüngliche Funktion des Gebäudekomplexes ist vor allem in der Bar ersichtlich, die sich in den ehemaligen Stiergehegen befindet. Das mehrstöckige Restaurant ist in das Originalgemäuer eingebaut, wo einst Menschenmengen dem Stierkampf zusahen. So schön das Ambiente für die Gäste ist, die Kellner müssen besonders aufmerksam sein, weil sie sich mitsamt den Speisen zwischen den versteckten Nischen hin- und herbewegen und viele Treppen hoch- und runtersteigen müssen. Im Restaurant finden heute Hochzeiten und Kulturevents statt, die Stierkampfarena selbst wird für Abendessen und Galas genutzt.

Costa Verde

Ein zum Luxushotel umgebauter 727-Jet

Die restaurierte Boeing 727 aus dem Jahr 1965, die von ihrem Lagerplatz am Flughafen San Jose gerettet wurde, ist zu einer fantastischen Suite mit zwei Schlafzimmern umgebaut worden: ein toller Ort für Hochzeiten, Flitterwochen oder einfach einen romantischen Trip zu zweit.

Dieser Flugzeugklassiker thront auf einem 15 Meter hohen Sockel und bietet von seinem Hartholzdeck, das auf der rechten Tragfläche erbaut wurde, einen herrlichen Blick auf das Meer und den Dschungel.

In ihrem früheren Leben flog die Boeing für South Africa Air und später für Avianca Airlines (Kolumbien).

© David Tipling/Canopy Tower

© RAdP

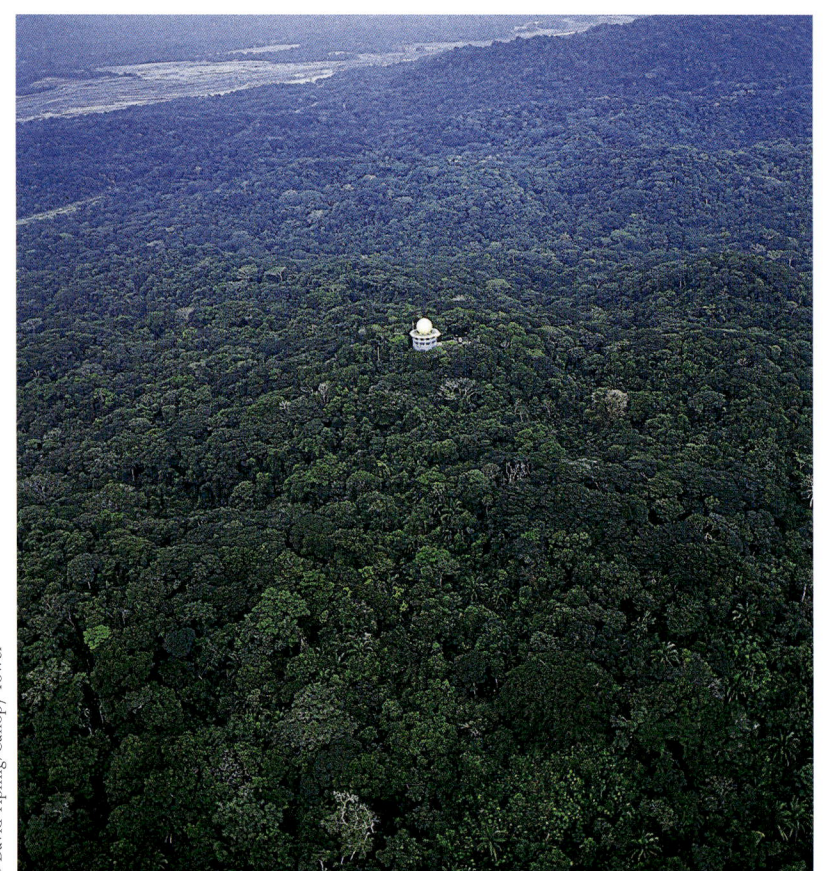

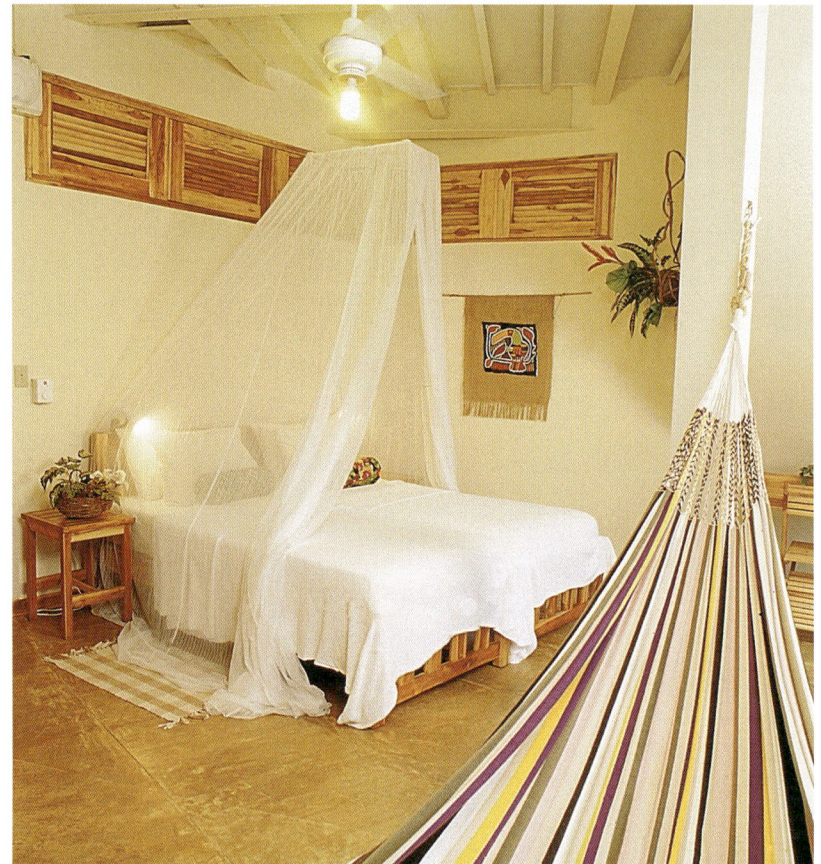

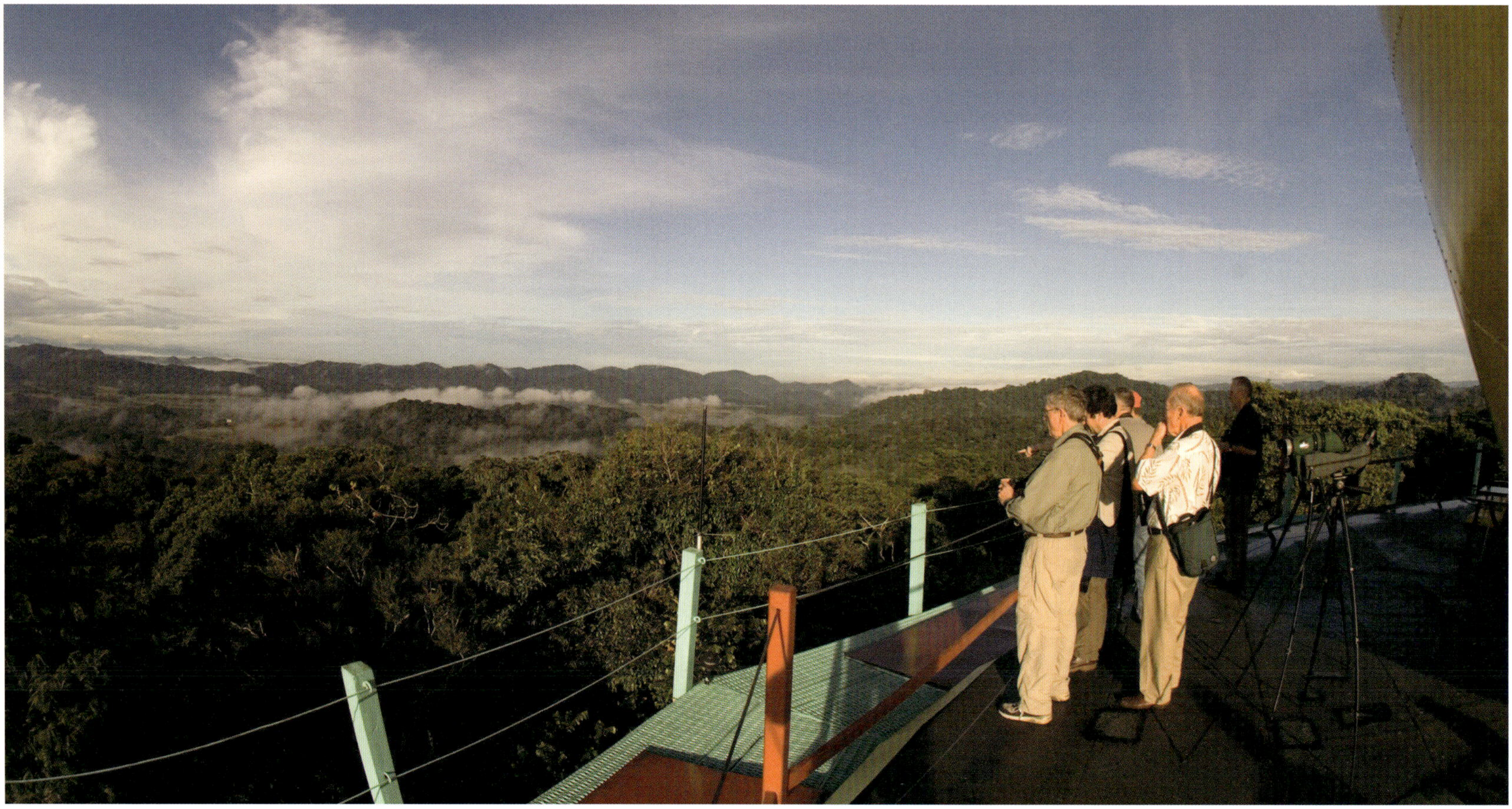

© David Tipling/Canopy Tower

Canopy Tower

Radarturm-Hotel mit Blick auf die Regenwaldvögel in den Baumkronen

Der Turm wurde 1965 von der US-Luftwaffe gebaut. In ihm waren Radargeräte untergebracht, die zur Verteidigung des Panamakanals eingesetzt wurden. 1996 wurde der Turm entmilitarisiert und an Panama übergeben. Er befindet sich auf dem Semaphore Hill im Herzen des halbimmergrünen Soberania-Nationalparks und ragt hoch über die Baumkronen hinaus.

Das Dach des Turms wird von einer 9 Meter hohen Kuppel dominiert, die von einer Aussichtsplattform umgeben ist. Reisenden bietet sich auf ihr ein Ausblick auf den Pazifikzugang des Panamakanals und die Skyline von Panama City. Die oberste Etage wird als Speisesaal genutzt und ist komplett von Panoramafenstern gesäumt.

Im ersten und zweiten Stock befinden sich die Wohnräume mit Privatbädern und großen Fenstern, von denen man auf die tiefer gelegenen Baumkronen blickt.

Besuchern bieten sich so viele Gelegenheiten, direkt vom Zimmer im Canopy Tower die Vögel zu beobachten. Normalerweise bekäme man sie gar nicht zu Gesicht, da sie sich nur hoch oben in den Baumkronen aufhalten. Wer einen leichten Schlaf hat, sollte allerdings unbedingt Ohrenstöpsel einpacken, ansonsten wird die Nacht recht kurz. Denn man übernachtet ganz nah bei den Vögeln, die auf dieser Migrationsroute bereits in der Morgendämmerung aktiv sind.

Raul Arias de Para, der freundliche Inhaber des Hotels, weiß nicht nur jede Menge über die Vögel und die Tierwelt, sondern hat noch einige andere großartige Geschichten auf Lager, die er gerne seinen Gästen bei einem abendlichen Drink erzählt.

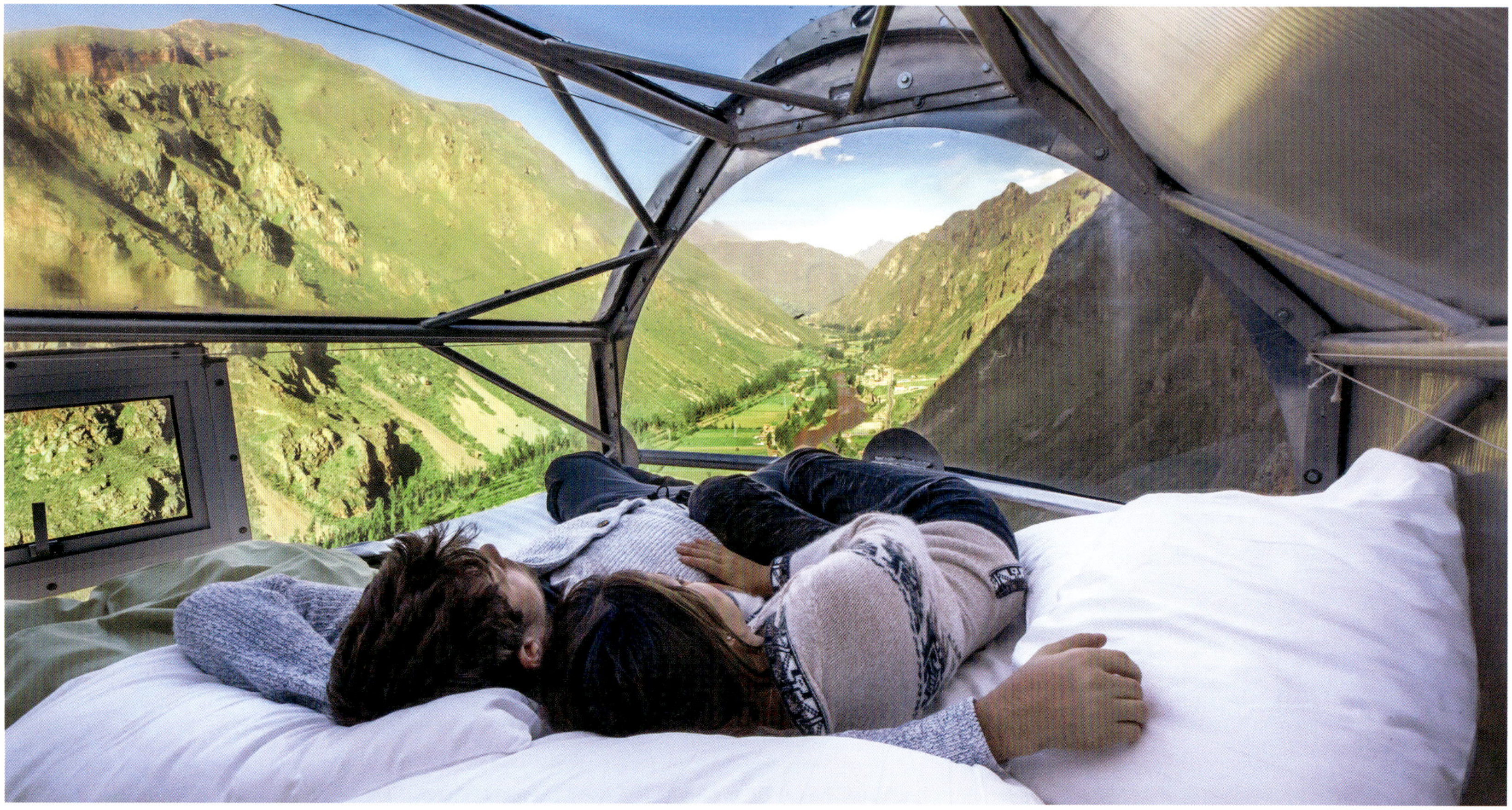

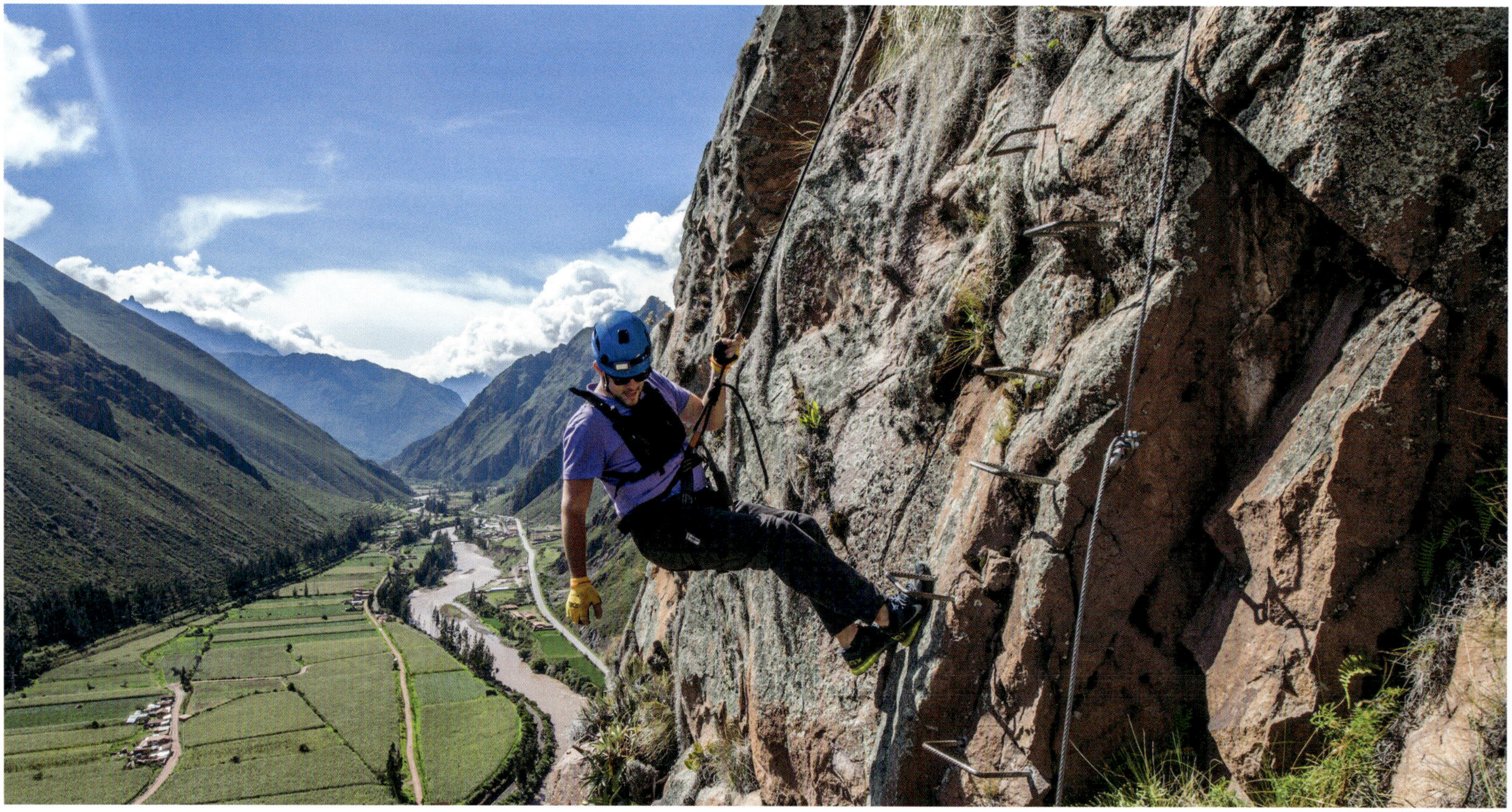

Skylodge Adventure Suites

Hängende Kapseln an einer steilen Felswand

Im Herzen des Heiligen Tals von Cusco in Peru findet sich für Abenteurer eine wahrlich spektakuläre Übernachtungsmöglichkeit: die Skylodge Adventure Suites. Auf 400 Metern Höhe am Fels hängend, fühlen sich die Gäste der vier futuristischen (von der Raumfahrt inspirierten) Kapseln wie Extrembergsteiger, die sich bekanntermaßen nicht selten gezwungen sehen, mitten im Aufstieg an steilen Abhängen hoch über dem Nichts ihr Nachtlager aufzuschlagen.

Das im Juni 2013 eröffnete Hotel ist jedoch mithilfe professioneller zweisprachiger Bergsteigerteams über einen Klettersteig oder auf einer Wanderung mit mehreren Ziplines bzw. Seilrutschen absolut sicher (wenn auch mit heftigen Adrenalinkicks) zu erreichen. Schwindelfreiheit ist Voraussetzung.

Drei rundum verglaste Kapseln bieten Raum für insgesamt acht Personen – und einen fantastischen Blick über das darunterliegende Tal. Wer nicht gleich übernachten möchte, kann auch nur einen Tisch zum Essen in der Gemeinschaftskapsel reservieren. Betrieben werden die mit Bad und Trocken-WC ausgestatteten Kapseln, die jeweils eine bis vier Personen beherbergen, mit Solarenergie.

Hotel Montaña Mágica

Waldhotel in einem märchenhaften Berg

Das Hotel Montaña Mágica ist einem Märchen über einen Berg nachempfunden, der magische Kräfte besitzt und Wünsche erfüllt. Mit seinem Wasserfall, der von der Spitze des Daches vor den 13 Zimmern und Suiten herabfällt, ist das Hotel tatsächlich ein ganz besonderer Ort.

Das Nothofagus Hotel & Spa lehnt sich stilistisch an das Aussehen einer Südbuche an und sieht aus wie ein siebenstöckiger Baum. Es bietet 55 Zimmer, die um einen zentralen Stamm angeordnet sind.

Die Suiten ganz oben blicken von ihrem 35 Meter hohen Standort aus auf die Baumkronen und den Vulkan Mocho-Choshuenco.

Das Hotel Reino Fungi ist ein dreistöckiges Gebäude in Form eines riesigen Waldpilzes und bietet insgesamt 22 Zimmer. Der mit Glas überdachte zentrale Kern des Gebäudes versorgt die Zimmer nicht nur mit natürlichem Licht, sondern dient auch als Schaukasten für eine Eiche, die bereits höher ist als das Hotel selbst.

The Egyptian House

Hier wird Napoleons Ägyptenfeldzug gefeiert

Das Egyptian House, dessen Architekturstil nach Napoleons Ägyptenfeldzug von 1798 in Mode kam, wurde etwa 1835 erbaut. Die Fassade ähnelt der ehemaligen Egyptian Hall in Piccadilly, die 1812 nach den Entwürfen von Peter Frederick Robinson gestaltet wurde.

Ob das Egyptian House nun ebenfalls auf die Entwürfe von Robinson zurückgeht oder ob hier John Foulston aus Plymouth verantwortlich zeichnete – es gibt keine Beweise dafür, wem nun diese Ehre gebührt. Das Ägyptische Haus wurde für John Lavin, einen Geologen, als Museum und geologisches Archiv erbaut. 1968 wurde es vom Landmark Trust aufgekauft, der historische Gebäude vor dem Verfall bewahrt und nach der Restaurierung als Ferienwohnungen vermietet. Hinter der riesigen Fassade des Bauwerks, die Kapitelle mit steinernen Lotusknospen und Zierelemente aus Coade-Stein aufweist, befanden sich im Erdgeschoss mehrere Geschäfte und in den oberen Etagen zwei kleine Granithäuser – solide erbaut und mit einer schönen Rückansicht –, die innen jedoch sehr baufällig waren. Sie wurden zu drei kompakten Wohnungen umgebaut: Die oberste bietet durch ein kleines Fenster einen schönen Ausblick auf die Mounts Bay, den Sankt Michael's Mount und die Schornsteine der Stadt.

Gothic Temple

Tempelprunk in den perfekt gestalteten Landschaftsgärten von Stowe

Im Jahr 1970 offerierte die Stowe School dem Landmark Trust einen langfristigen Pachtvertrag für dieses Anwesen, in dem man seitdem einen außergewöhnlichen Urlaub verbringen kann. Die Einnahmen werden für den Erhalt des gotischen Tempels eingesetzt, der als großartiges Beispiel gotischer Architektur gilt. Das 1741 errichtete Bauwerk ist eine der letzten Erweiterungen des Gartens von Stowe, der für Lord Cobham angelegt wurde. Im selben Jahr begann „Capability" Brown als Gärtner auf der Anlage zu arbeiten: Er gestaltete den Park um und schuf einen der schönsten Landschaftsgärten der Welt.

Lord Cobham beschloss, seinen neuen, von dem schottischen Architekten James Gibbs entworfenen Tempel „der Freiheit unserer Vorfahren" zu widmen. Der gotische Stil wurde als würdig für die Architektur des Bauwerks erachtet. Das Gebäude hat einen dreieckigen Grundriss und zinnenbewehrte Giebel. Die Unterkünfte und Gesellschaftsräume befinden sich in den drei fünfeckigen Türmen, die über große gotische Fenster mit knorrigen Pinakel-Verzierungen verfügen. Alle Innenräume sind rund und mit hohen steinernen Wandpfeilern und Pflastergewölben ausgestattet. Das Hauptgewölbe der zentralen Halle ist mit prachtvollen Wappen bemalt, und von der Galerie im ersten Stock bekommt man einen guten Eindruck von der architektonischen Erhabenheit des Tempels. Am oberen Ende der Treppe befindet sich ein Aussichtspunkt mit steinernen Stühlen, der einen schönen Ausblick auf die landschaftliche Umgebung bietet, die heute vom National Trust verwaltet wird.

Im Erdgeschoss befinden sich eine Küche (im Sockel des einen Turms) und ein modernes Bad mit Toiletten (im Sockel des zweiten Turms) – allerdings an eher überraschenden Standorten. Dazwischen erstreckt sich die Wohnlounge mit Blick auf eine Gewölbedecke. Wenn man die Treppe des dritten Turms hinaufsteigt, gelangt man zu zwei Doppelzimmern – eines in jedem Turm –, die Platz für insgesamt vier Personen bieten.

Balancing Barn

Eine frei schwebende silberne Scheune mit Blick auf ein Naturschutzgebiet

    Dieses herrliche Anwesen liegt auf einem Grundstück am Rand eines Naturschutzgebietes des Suffolk Wildlife Trust mit Blick auf einen kleinen See. Obwohl die Scheune mit reflektierenden Stahlfliesen verkleidet ist, steht sie ganz unauffällig am Ende einer von Bäumen gesäumten Auffahrt, die von einer ruhigen Landstraße abzweigt. Erst wenn man das Anwesen von der Seite betrachtet, erkennt man, dass die Hälfte des 30 Meter langen Bauwerks im Boden verankert ist, während die andere Hälfte in das Tal hineinragt und darunter nichts als freien Raum lässt. Die frei schwebende Konstruktion wird von einem in den Hang eingelassenen Betonsockel ausbalanciert, sodass es solide ist, obwohl es schwebt.

    Das Gebäude sieht verblüffend aus. Es hat jede Menge praktische und nützliche Funktionen, die die Sorgfalt und Aufmerksamkeit des niederländischen Designerteams zeigen, welches diese Baukonstruktion schuf. Jedes der vier Schlafzimmer mit Doppelbett und Privatbad wird von stilvoller Beleuchtung erhellt; die Küche mit Essbereich liegt am verankerten Ende der Scheune, der Wohnbereich mit Kamin schwebt über dem Tal. In den Wänden der Scheune befinden sich raumhohe Fenster, im Wohnbereich erstreckt sich ein Glasboden. Dieser Boden verdient besondere Erwähnung, da er den Blick auf die Schaukel für Kinder (und Erwachsene) freigibt, die unter der Scheune aufgehängt ist.

Fotos © Jack Hobhouse

House in the Clouds

Ein früherer Wassertank in einem idyllischen ländlichen Dorf

Das Haus in the Clouds wurde 1923 erbaut, um für die Wasserversorgung des Dorfes Thorpeness genug Speicherkapazität zu bieten. Vor die schwierige Aufgabe gestellt, ein eher unattraktives Bauwerk aufzuhübschen, tarnte das Ingenieursteam es auf geniale Weise als Haus, das aus der Ferne wie eine Hütte wirkt, die in 21 Metern Höhe in den Bäumen steht. Die tragende Stahlkonstruktion wurde mit Holz verkleidet, um einen einzigartigen Wohnbereich zu schaffen – obwohl der obere Teil des Turms, in dem sich der 225 Tonnen fassende Wassertank befand, viele Jahre lang nicht genutzt wurde. 1977 wurde die Nutzung des Tanks als Wasserspeicher eingestellt und das Gebäude ging in Privatbesitz über. Seine vielen kleinen Fenster sorgen für eine gute Belichtung und Belüftung. Das Gebäude wurde zuletzt 2002 renoviert und bietet mit seinen fünf Schlafzimmern – zwei mit Doppelbetten und drei mit Einzelbetten und zusätzlichem Doppelschlafsofa – eine geräumige Unterkunft für Familienurlaube. Drei Bäder, ein Salon, ein Esszimmer und das herrliche „Zimmer ganz oben" bieten fantastische Ausblicke auf Suffolk. Die fünf Etagen sind durch insgesamt 67 Treppen mit vier Podesten und fünf Halbpodesten verbunden mit Sitzgelegenheiten für Leute, die nicht ganz so fit sind. Im fünften Stock befindet sich eine eiserne Wendeltreppe, die zur oberen Galerie führt.

Vereinigtes Königreich

Photos © The Landmark Trust

THE PINEAPPLE

Ein eindrucksvolles, kunstreiches, exzentrisches Sommerhaus

Das „Pineapple" ist ein zweistöckiges Sommerhaus, das für den 4. Earl of Dunmore gebaut wurde. Es wirkt von unten klassisch und konservativ, wächst nach oben hin aber langsam zu einem pflanzenartigen Gebilde an; die konventionellen Unterbalken schlagen Triebe aus und formen sich zu stacheligen Blättern aus Stein – ein exzentrisches Bauwerk von unbestrittener Genialität, das aus feinstem Mauerwerk besteht. Das Gebäude wurde im Jahr 1761 wahrscheinlich als einstöckiger Pavillon erbaut und erhielt seine fruchtige Kuppel erst nach 1777, als Lord Dunmore gezwungenermaßen sein Amt als Gouverneur von Virginia aufgeben musste. Dort stellten Seeleute eine Ananas vor ihre Tür, um den Nachbarn ihre Heimkehr zu verkünden.

Lord Dunmore, der gerne scherzte, verkündete seine Rückkehr noch deutlicher: Die Ananas thront über einem riesigen ummauerten Garten. Dieser wurde nach schottischer Tradition in einiger Entfernung vom Haus angelegt, um die Vorteile des Südhangs zu nutzen. Zur Unterbringung der Gärtner wurden auf beiden Seiten der Ananas Steinhäuser errichtet. Sie beherbergen einfache Zimmer, in denen man übernachten kann – obwohl man nach draußen gehen muss, um von einem Teil des Gebäudes zum anderen zu gelangen.

„The Pineapple" und seine Umgebung sind Eigentum des National Trust for Scotland. 1973 übernahm der Landmark Trust den Pachtvertrag und restaurierte alle Gebäude und den ummauerten Garten, der nun öffentlich zugänglich ist. Auf der Rückseite, wo das Bodenniveau höher liegt, befindet sich ein privater Garten für Gäste, von dem aus man über eine Treppe in den eleganten Raum im Inneren der Ananas gelangt.

Das Gormley-Zimmer im Hotel Beaumont

Ein spektakuläres Hotelzimmer – ein Kunstwerk in einem Luxushotel

Die Inhaber des erstklassigen Hotel Beaumont (mit seinem wunderschönen Art-déco-Interieur) hatten bei Eröffnung ihres Hauses 2014 die hervorragende Idee, den Bildhauer Antony Gormley mit der Gestaltung eines Hotelzimmers zu beauftragen. Das Ergebnis ist atemberaubend: Das Zimmer liegt verborgen in einer eindrucksvollen brutalistischen Skulptur des Künstlers, die aus mehreren in Form eines sitzenden Menschen angeordneten Steinblöcken besteht.

Zu der insgesamt 69 Quadratmeter großen Suite links vom Eingangsbereich des Hotels gehören auch noch ein Wohnzimmer und mehrere Bäder. Von hier aus gelangen die Gäste über eine Marmortreppe in Gormleys Room im Inneren der Skulptur, ein mit dunklem Holz vertäfeltes, kokonhaft puristisches Schlafzimmer.

A House for Essex

Übernachten in einem auqergewöhnlichen Kunst-Haus

Das oberhalb des Flusses Stout gelegene House for Essex ist einzigartiges Kunstwerk und außergewöhnliche Unterkunft in einem. Das Gebäude ist das gemeinsame Werk des englischen Künstlers Grayson Perry und des Architekten Charles Holland und bedient sich in seinem Narrativ der fiktiven Figur der Julie Cope, um stellvertretend über sie allen Menschen aus dieser Gegend die Ehre zu erweisen.

Angesichts der geometrischen Linien und des fantasievollen Dekors seiner mit Mosaiken verzierten Räume fühlt man sich im House for Essex gleichsam an Votivkapellen erinnert, denen man an Feldwegen oft begegnet. Mit zwei Zimmern mit Blick auf den Fluss, einer ungewöhnlichen Badewanne aus grüner Fayence, maßgefertigten Möbeln und einem großen Salon, in dem Tapisserien das Leben von Julie Cope nachzeichnen, lädt das Haus seine Gäste zu einem einzigartigen Erlebnis ein, das sowohl die Kunst als auch das einfache Leben in Essex feiert.

© Jack Hobhouse

Le carré Rouge

In einem roten Würfel schlafen

Le carré Rouge (Rotes Quadrat), ein Meisterwerk der zeitgenössischen Kunst von Gloria Friedmann, ist ein Würfel mit einer rot gestrichenen Südseite und einer Nordseite, die ganz aus Glas besteht. Der Würfel hat eine großartige Lage mitten in der französischen Landschaft auf dem Langres-Plateau. Er ist der perfekte Ort für einen einzigartigen, romantischen Ausflug oder einen Familienurlaub.

Der Würfel hat zwei Ebenen: Auf der unteren Ebene befinden sich die Küche und der Essbereich, während die obere Ebene drei Doppelbetten beherbergt.

Es gibt weder fließendes Wasser noch Strom, und so ist der Aufenthalt im Würfel eine Rückkehr zu einem primitiveren Lebensstil, der Kinder begeistern wird. Mit einer Wasserpumpe wird Regenwasser aufgefangen, und Trinkwasser gibt es an den Dorfbrunnen, die nur einen kurzen Spaziergang entfernt sind (700 Meter). Als Lichtquellen stehen Öllampen und Kerzen zur Verfügung, und es gibt auch einen Holzofen (man muss kein Holz hacken, es wird freundlicherweise zur Verfügung gestellt), der sowohl zum Kochen als auch zum Heizen dient – dank eines zentralen Rohrs, das die Wärme im ganzen Würfel verteilt.

Die Baumhäuser des Châteaus du Val d'Arguenon

Baumhäuser in Außergewöhnlichen Bäumen

Wenn magische und verwunschene Orte existieren, dann gehört das Château du Val d'Arguenon dazu. Es befindet sich seit Jahrhunderten im Besitz derselben Familie. Die heutigen gastfreundlichen Familienmitglieder wohnen selbst darin, empfangen ihre Gäste und arbeiten an dem Erhalt des herrlichen 50 Hektar großen Anwesens mit, auf dem zahlreiche Palmen wachsen.

Das Grundstück hat eine einzigartige Lage. An der Kurve der Straße, die von Notre-Dame-du-Guildo nach Saint-Cast-le-Guildo führt, zweigt eine schmale Zufahrt zum Schloss ab. Am besten parkt man sein Auto hinter dem Schloss und läuft ein bisschen herum, um die Aussicht auf den Meeresarm und die kleinen Strände zu genießen. Das ständig wechselnde Licht bietet ein großartiges Schauspiel, das auch vom Zimmer in der Baumkrone oder von der Terrasse des Baumhauses bewundert werden kann. In den wunderschönen Bäumen des Anwesens befinden sich drei Baumhäuser. Der große Abstand zwischen den Häusern gibt den Gästen das Gefühl, ganz allein auf der Welt zu sein, sodass Sie diesen kleinen Winkel des Paradieses voll und ganz auskosten können.

Villa Cheminée

Ein Haus auf einem riesigen, 15 Meter hohen Schornstein!

Die Villa Cheminée (Schornsteinvilla) ist ein außergewöhnliches Kunstprojekt, das der japanische Künstler Tatzu Nishi für die Kunstveranstaltung Estuaire 2009 in Nantes-Saint-Nazaire entwarf. Sein Kunstwerk ist inzwischen zu einer Dauereinrichtung geworden, in der man nun auch übernachten kann. Nishi installierte eine typische 1970er-Jahre-Villa auf die Spitze eines Schornsteins, der wie ein Fabrikschornstein aussieht (er ließ sich dabei von Chateau de Fer inspirieren, dem größten Kraftwerk für fossile Brennstoffe in Frankreich). Dank ihrer Lage an der Spitze der Ile de la Nation bietet die Villa einen freien Blick auf die Loire-Mündung und die felsige Sillon de Bretagne. Die Schornsteinvilla verfügt über eine gut ausgestattete Küche und ein Badezimmer im Erdgeschoss sowie ein Schlafzimmer mit einem Doppelbett im Obergeschoss. Das Gebäude ist von einem wunderschönen kleinen Garten umgeben.

Der Buron von Niercombe

Ein zeitloses Refugium

Der Buron von Niercombe ist eine ehemalige Käserei auf einer Höhe von 1.450 Metern. Er ist mittels einer Privatfahrt im Geländewagen zu erreichen, bei der Sie von einem Bergführer begleitet werden, der Sie am Tag Ihrer Abreise wieder abholt. In der Zwischenzeit können Sie die Einsamkeit und die wilde Schönheit der Landschaft genießen – ein außergewöhnliches Erlebnis. Der Buron ist ein traditionelles Steingebäude mit einem Schindeldach, das oft auf Bergalmen zu finden ist. Die Viehzüchter, die in den Tälern der Auvergne leben und Eigentümer der Bergalmen sind, nutzen diese Häuser traditionell in den Sommermonaten. In den Buronen werden die Käsemaschinen aufbewahrt und die Käser beherbergt. Viele Buronen wurden aufgegeben, aber einige werden heute wieder genutzt – so wie der Buron von Niercombe.

Die Inneneinrichtung der Hütten ist einfach, aber einladend. Die Möbel und Fußböden bestehen aus Holz, und unter dem Hauptraum befinden sich eine Küche und ein Badezimmer, die über eine Treppe zu erreichen sind. Das Wasser kommt aus den hauseigenen Quellen des Grundstücks. Der Buron von Niercombe, der vor mehr als 300 Jahren auf einem Felsvorsprung errichtet wurde, blickt auf das Tal der Cère. Bis in die 1940er-Jahre diente er Hirten als Unterschlupf, später wurde er über 60 Jahre lang der Natur der Monts du Cantal überlassen. Erst nach vierjährigen Restaurierungsarbeiten verwandelte er sich in dieses bezaubernde, zeitlose Refugium.

Cadoles de La Colline du Colombier

Spektakuläre modernistische Kokons

Die Cadoles von Iguerande (benannt nach den alten, meist aus Trockenstein errichteten Hütten, die einst den Winzern im Burgund als Unterkunft dienten) sind spektakuläre Pfahlbauten, die an einem Hang errichtet wurden. Eines dieser drei modernen Häuser schwebt in der Luft, das zweite, eine Terrasse, kuschelt sich idyllisch zwischen zwei 100 Jahre alte Eichen, und das dritte wird von einem Apfelbaum beschattet. Die Gäste können in allen drei Häusern komfortabel wohnen, denn jedes ist mit einem großen Bett, einem Bad, einer kleinen Küche und einem geräumigen Wohnzimmer im Zen-Stil ausgestattet. Letzteres öffnet sich zu einem Balkon mit Blick auf die umliegende Naturlandschaft. Die Schlafzimmer sind wie Kokons gestaltet. Die Decken und Wände, die ineinander überzugehen scheinen – ein eindrucksvoller Effekt –, sind mit geflochtenem Hanf verkleidet. Das zu 100 Prozent ökologische Projekt wurde von Marie-Pierre und dem berühmten Koch Michael Troisgros mit Unterstützung des nicht minder berühmten Architekten Patrick Bouchain konzipiert. Bouchain vertrat Frankreich 2006 auf der Internationalen Architekturbiennale in Venedig. Neben den Cadoles befindet sich das Gasthaus „Le Grand Couvert", das in einem ehemaligen Pferdestall untergebracht ist. Man kann aber auch 15 Kilometer weiter im Gourmetrestaurant von Michael Troisgros (drei Michelin-Sterne) in Roanne speisen.

Das Hôtel Le Corbusier

Die einzigartige Möglichkeit, in einem Bauwerk von Le Corbusier zu übernachten

Die denkmalgeschützte „Cité Radieuse" („Strahlende Stadt") des Architekten Le Corbusier, die im dritten Stock ein Hotel beherbergt, ist fast so berühmt wie das nahegelegene Vélodrome-Stadion. Den meisten Einwohnern von Marseille war das Gebäude unbekannt, doch 2003 wurde es von zwei Architekturliebhabern übernommen, die es im Geist der Epoche renovierten: Sie ließen einige der Originalmöbel und -beleuchtungen wieder einbauen und weitere nachbauen (mit Erlaubnis der Architektin und Designerin Charlotte Perriand, die zum Team gehörte). Das Ergebnis ist zwar originalgetreu, doch viele Gäste schätzen die Architektur des „Meisters" nicht unbedingt: Die Gänge sind lang, dunkel und düster, und die eher spärliche Inneneinrichtung vermittelt nicht gerade das Ambiente eines Hotels der Luxusklasse. Das außerhalb des Stadtzentrums von Marseille gelegene Hotel wird vor allem Fans von Le Corbusier begeistern.

Auch der Rest des Gebäudekomplexes, der ein regelrechtes Dorf ist, steht den Hotelgästen offen: ein Kino mit 40 Plätzen, ein Fitnessraum mit Sauna, Joggingstrecken, ein Kinderplanschbecken sowie ein Konzertsaal auf der Dachterrasse.

Von der Terrasse des Restaurants (wo das Frühstück serviert wird) genießt man einen großartigen Blick auf das Meer und die Frioul-Inseln.

Das Baumhaus von Château de Valmer

Baumhaus in einem Weingarten

Das Baumhaus auf dem Landgut Château de Valmer, das sich acht Meter über dem Boden in den Ästen einer riesigen, 100 Jahre alten Eiche befindet, ist ein romantisches Refugium mit atemberaubendem Charme. Das Baumhaus liegt isoliert vom Rest des Anwesens mitten in einem Weingarten – der den größten Teil des Anwesens aus dem 19. Jahrhundert einnimmt – und ist wohl das schönste seiner Art in Frankreich. Nur der Preis könnte einige enttäuschen. Im Sommer kann man sich ein leckeres Frühstück direkt an die Tür bringen lassen. Das Meer ist zwar vom Baumhaus aus nicht zu sehen, doch es ist ganz nahe, kaum 200 Meter entfernt am Ende eines wunderschönen, von hundertjährigen Bäumen gesäumten Weges.

Der Strand selbst gehört zu den schönsten und wildesten Küstenstreifen der Côte d'Azur. Einige wenige Gebäude – darunter das Nebengebäude des Châteaus de Valmer, das über ein Schwimmbad und ein Restaurant verfügt – machen den Aufenthalt an diesem Strand noch angenehmer.

Hinter einem zweiten Strand mit weiteren Gebäuden beginnt auf der linken Seite ein Weg, der nach einigen Stunden Wanderung an der Küste entlang zur Halbinsel von Saint-Tropez führt.

Das Château de Valmer wurde 1949 von den Eltern der heutigen Inhaber gekauft und nach und nach in ein 4-Sterne-Hotel mit 42 Zimmern, einem Restaurant, Spa, Sauna und Hammam umgebaut.

Fotos © Antoine Lippens

Das Zimmer Jean Prouvé der Fondation CAB

Schlafen in einem Werk von Jean Prouvé

Die 2021 von dem zeitgenössischen Kunstsammler Hubert Bonnet in Saint-Paul-de-Vence eröffnete Fondation CAB ist auf Minimalismus und Konzeptkunst spezialisiert und bietet ihren Besuchern die einzigartige Möglichkeit, in ihren Räumlichkeiten zu übernachten.

Eines der fünf geschmackvollen Zimmer sticht dabei besonders hervor: Es präsentiert sich in Form eines zerlegbaren Hauses, das der Architekt und Designer Jean Prouvé (1901–1984) im Jahre 1944 entworfen und seinerzeit in der Nähe von Gérardmer in den Vogesen aufgestellt hatte.

Für die Nutzung als Hotelzimmer wurde es leicht modifiziert und mit Möbeln ausgestattet – natürlich von Jean Prouvé, aber auch von anderen Designern wie Pierre Jeanneret, George Nakashima und Charlotte Perriand.

Ein einzigartiges Erlebnis für Liebhaber von Design und Architektur.

Aufgrund seiner Größe (6 auf 6 Meter, d. h. 36 Quadratmeter) erhielt das modulare Haus den Namen 6x6. Die Idee für den Entwurf kam Jean Prouvé im Zuge des Wiederaufbaus nach dem Zweiten Weltkrieg, als vor allem in Elsass-Lothringen schnell viel Wohnraum benötigt wurde. Der hohen Nachfrage sollte seiner Vorstellung nach mithilfe standardisierter und damit wirtschaftlicher Fertigbauelemente genüge getan werden.

© Kristof Guez

La Citerne-Lit

Eine Übernachtung der etwas anderen Art am Rande des Jakobsweges

Die von Fred Sancère und Encore Heureux Architectes entwickelte Citerne-Lit, wörtlich „Bett-Zisterne", ist eine Unterkunft, die mit Fug und Recht als ungewöhnlich bezeichnet werden kann. Sie ist eines von sieben Kunstwerken, die im Rahmen des Projektes *Fenêtres sur le paysage* (*Fenster zur Landschaft*) für Übernachtungen zur Verfügung stehen. Im Rahmen dieses von dem Kollektiv Derrière le Hublot ins Leben gerufenen Projektes finden Pilger entlang der Strecke des Jakobsweges auf Höhe des Fernwanderweges GR65 einen Kunstparcours unter freiem Himmel.

Die *Citerne-Lit* ist eine Einladung, sich auf das ländliche Leben einzulassen. Das Kunstwerk wurde nach dem Vorbild landwirtschaftlicher Wassertanks gestaltet. Die Gäste erwartet ein gemütlicher Kokon, der ein großes, komfortables Bett und insgesamt alles hat, was man für eine wunderbare Nacht in der Natur braucht.

Mit ihrer optimierten Raumnutzung erinnert die Zisterne sowie ihre spartanische Ausstattung (Trocken-WC und Solardusche) an eine Raumkapsel. Ein regionales Frühstück rundet den Aufenthalt angenehm ab, bevor es weitergeht zu einer der anderen Kunst-Unterkünfte des Projektes wie *La Chambre d'Or* (Das Goldene Zimmer) in Golinhac oder *Vivre seule* (Alleine leben) in Livinhac-Le-Haut, beide im Département Aveyron.

Fotos © Martin's Hotels

„Best of Home"
im Hotel Martin's Patershof

Übernachten in einer alten Kirche

Mitten in Mechelen – rund 30 Minuten von den Stadtzentren Brüssels und Antwerpens sowie 20 Minuten vom internationalen Flughafen Brüssel-Zaventem entfernt – steht die alte Franziskanerkirche, in die die Hotelgruppe Martin's im Jahr 2009 investierte. Die Grundstruktur und architektonische Details des neugotischen Baus von 1863 sind im Zuge der Umbauarbeiten zu einem Hotel mit 79 Zimmern erhalten geblieben. Die schönste (und luxuriöseste) Suite heißt Exceptional Best of Home; hier lässt es sich unter Kirchenfenstern und Gewölbedecken in eindrucksvollem Ambiente nächtigen.

Hotel Inntel Zaandam

Eine verrückte Ansammlung klassischer niederländischer Gebäudefassaden

Der Anblick des zwölfstöckigen Hotels Inntel Zaandam wird Sie verblüffen. Es sieht aus wie eine Ansammlung verschiedener Häuser, die in einem lebensgroßen Puzzle über- und nebeneinander angeordnet sind. Sie werden einfach nur fasziniert sein – und zweifellos auch amüsiert.

Chefarchitekt Wilfried van Winden, Geschäftsführer von „WAM architecten" in Delft, sagt bescheiden, er habe mit dem Hotel nicht schockieren wollen. Vielmehr wollte er den langweiligen, unpersönlichen Ansatz traditioneller Hotels vermeiden und etwas schaffen, das sich mehr wie ein Zuhause anfühlt – mit Fassaden, die den traditionellen Häusern von Zaanstad nachempfunden sind: „Von vornehmen Notarhäusern", führt er an, „bis hin zu Arbeiterkaten".

Die Zimmer des Hotels haben eine persönliche Note und sind nach traditionellen Elementen des Zaandamer Kulturerbes und der Industriegeschichte der Region gestaltet. Die Gegend um Zaanstad hat eine lange Tradition in der Verarbeitung von Aromen, und die Zimmer sind mit wandgroßen Werbeplakaten für Schokolade, Käse, Senf und Kekse, die in Zaandam hergestellt wurden, sowie mit Schwarzweißfotos aus der industriellen Vergangenheit der Stadt dekoriert.

Marqués de Riscal

Ein atemberaubendes, von Frank Gehry designtes Hotel

Die Dachlinie des Hotels Marqués de Riscal in der nordspanischen Stadt Elciego besteht aus schimmernden Bändern aus rosafarbenem, goldenem und silbernem Titan und erinnert an die Architektur des Guggenheim-Museums Bilbao und der „Brücke des Lebens" in Panama, den Markenzeichen des Architekten Frank Gehry.

Spanien

Das von Gehry entworfene Haupthotel verfügt über 43 Zimmer und ist in jeder Hinsicht atemberaubend, sowohl von außen als auch von innen, da es mit Designermöbeln und Hightech-Vorrichtungen ausgestattet ist. Im Nebengebäude, das über eine Brücke mit dem Hotel Marqués de Riscal verbunden ist und in dem sich das Spa und der Pool befinden, gibt es auch traditionellere, zweckmäßigere Zimmer. Die Zimmer des Nebengebäudes haben zwar einen schönen Ausblick auf den Weingarten und eine kunstvolle Ausstattung, bieten aber nicht den extravaganten Charme des Hauptgebäudes.

Im Hotel gibt es zwei Restaurants: Das „1860" und das formellere Restaurant „Marqués de Riscal", das montags geschlossen ist.

Auch das Spa ist erwähnenswert: Es bietet Weintherapie-Behandlungen mit Produkten aus Traubenextrakten, die exklusiv von Caudalie Vinotherapie entwickelt wurden. Das Spa hat für seine Behandlungen und seinen Standort zahlreiche Auszeichnungen erhalten.

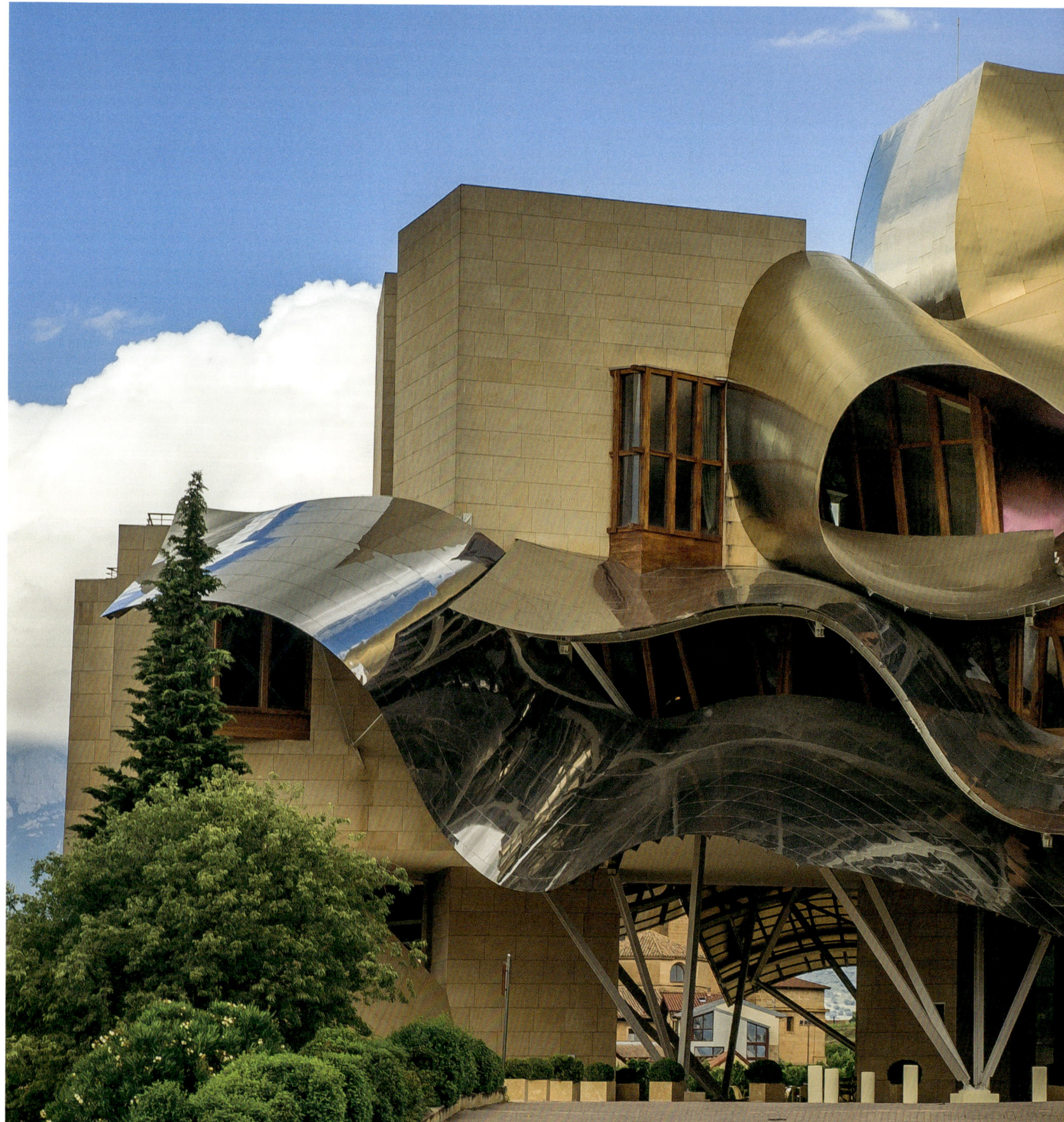

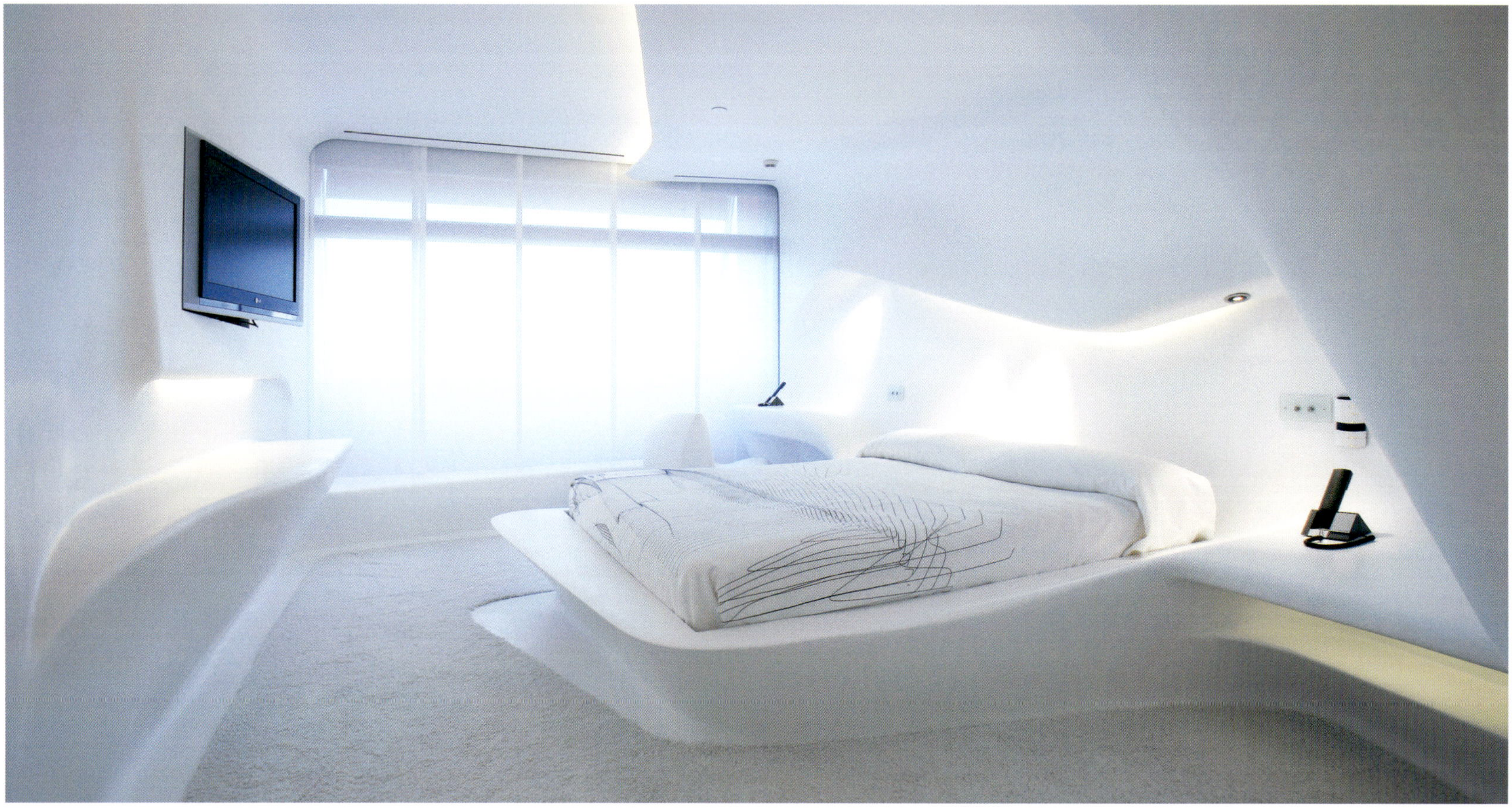

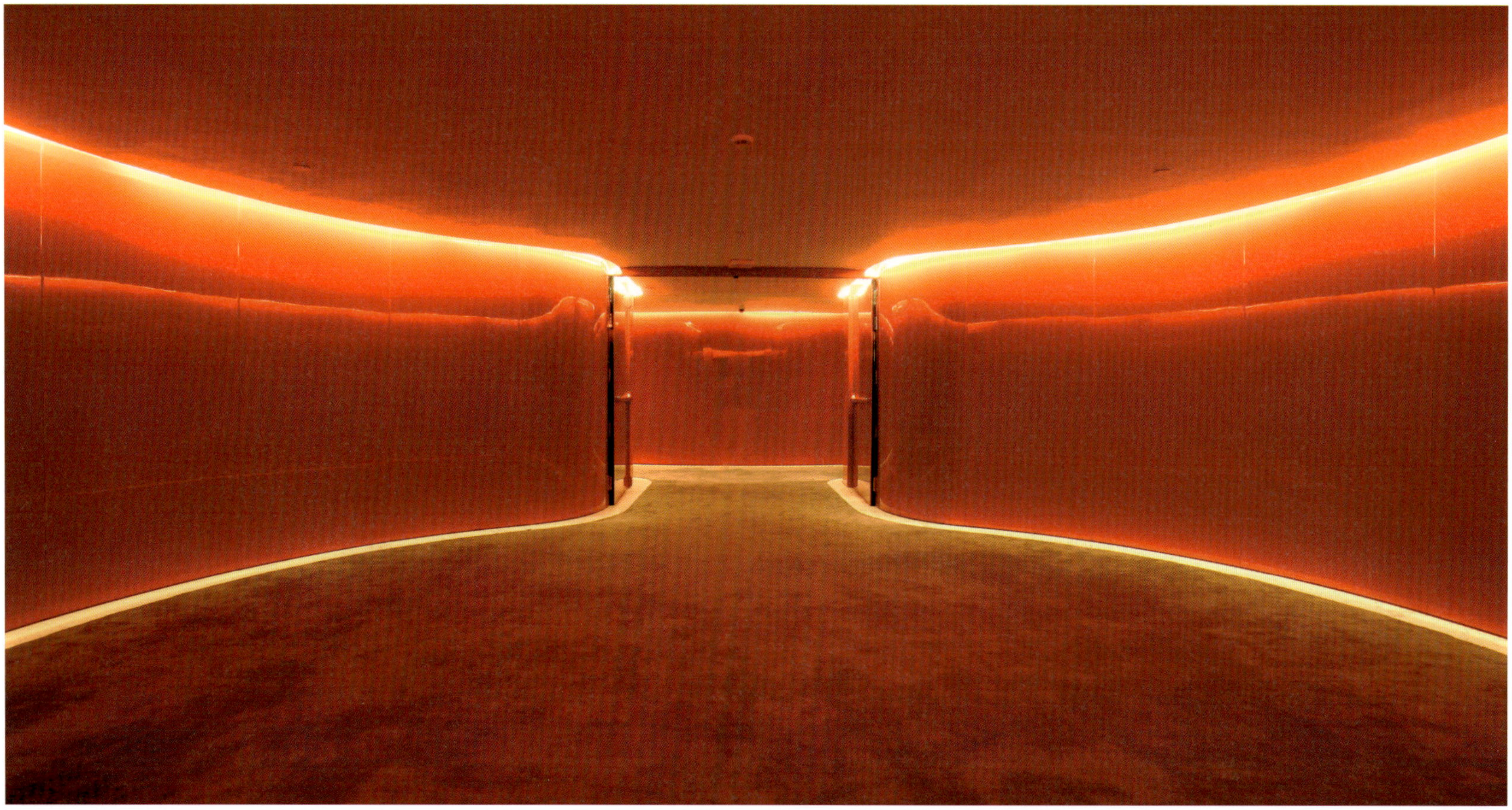

Hotel Puerta América Madrid

Ein anderes Designerlebnis in jeder Etage

Das Hotel Puerta América hat zwölf Etagen und Gesellschaftsräume, die von 19 verschiedenen Designagenturen in einem einzigartigen Stil gestaltet wurden. Ein Zimmer auszuwählen ist schwierig: Zum Glück ist das Personal an der Rezeption darauf eingestellt, dass die Gäste häufig ihr Zimmer wechseln.

Beim Einchecken erhält man eine Karte, auf der die verschiedenen Designs der einzelnen Etagen verzeichnet sind, und wir empfehlen Ihnen, diese genau zu studieren oder vor der Anreise die Website des Hotels zu besuchen.

Einige Etagen sind ein Triumph von Stil über Qualität, und es gibt Erfahrungsberichte von Gästen, die aus Frustration darüber, dass sich die Räume nicht verdunkeln oder die Hightech-Vorrichtungen nicht benutzen ließen, ihr Zimmer wechseln mussten. Obwohl die Etagen ähnlich gestaltet sind, fühlt man sich beim Verlassen des Fahrstuhls von Etage zu Etage in einer ganz anderen Welt – von futuristischem rotem Plastik über schwarzen Marmor bis hin zu traditionellem Leder und Holz ist alles dabei.

Ein Beispiel dafür ist die erste, von Zaha Hadid designte Etage, in der alles aus der Wand zu kommen scheint. Die Badezimmer bestehen vom Boden bis zur Decke aus einem einzigen Gefüge, das je nach Zimmer die Farben wechselt. Am ärgerlichsten sind die Papierkörbe: Sie sind eine echte Herausforderung für die Gäste, weil sie nicht so leicht zu finden sind. Oder soll man seinen Müll einfach auf den Boden werfen ... Die achte Etage von Kathryn Findlay, „Light in Motion" („Licht in Bewegung"), soll einen femininen Touch vermitteln. Findlay verzichtete bewusst auf Wände oder Türen und entwarf stattdessen geschwungene weiße Vorhänge, die das Bad vom Raum trennen. Das gesamte Zimmer ist weiß und bildet einen einzigen Raum.

In der neunten Etage mit dem Konzept „Boxes of Colours" („Farbkästen"), die von Richard Gluckman designt wurde, ist Geduld gefragt, denn alles ist in Kästen versteckt, und man muss danach suchen. Im größten Kasten in der Mitte des Raumes befindet sich der Fernseher. Das Erste, was man beim Betreten des Badezimmers sieht, ist ein großer Glaskasten, in dem sich die Dusche befindet. Sie hat einen weißen Metallvorhang und ist durch eine Schiebetür vom Schlafzimmer getrennt.

Hotel Raluy Legacy

Im Zirkus übernachten und die größte Show der Welt genießen!

Für alle großen und kleinen Kinder ... Treten Sie ein, schauen Sie sich um und freuen Sie sich auf einen komfortablen Aufenthalt in einem der traditionsreichsten Zirkusse Spaniens!

Seit 2010 lädt das Zirkusmuseum Raluy zu einem Aufenthalt in seinem „Hotel auf Rädern" ein: einem hölzernen Zigeunerwagen aus dem frühen 20. Jahrhundert, der seinen Gästen einen Einblick in die Zirkuswelt gewährt. Lassen Sie sich mitreißen von der Magie dieses traditionellen Zirkus, in dem nicht Tiere, sondern Seiltänzer, Messerwerfer und Clowns die wahren Künstler sind.

Der Zirkus Raluy ist der perfekte Ort, um in die Welt des Reisens einzutauchen und zu erfahren, was ein Leben im Dienste der Unterhaltung bedeutet. Der Zirkus Raluy, der 1996 mit dem Nationalen Zirkuspreis (verliehen vom Ministerium für Bildung und Kultur) und 2006 mit dem Creu de Sant Jordi Award (verliehen von der Autonomen Regierung Kataloniens) ausgezeichnet wurde, ist nicht nur ein Zirkus, sondern auch ein Museum: ein Fragment der Geschichte des Reisens, wie die hölzernen Wohnwagen verschiedener Herkunft zeigen. Sie stammen aus Rumänien, Tschechien, England und Deutschland und sind einzigartige Kunstwerke, die die Brüder Luis und Carlos Raluy (die Besitzer des Zirkus) restauriert und an unsere Zeit angepasst haben, während sie ihr ursprüngliches Aussehen aus dem 19. und 20. Jahrhundert sorgfältig bewahrten.

Eine Übernachtung in diesen Wohnwagen gibt Ihnen definitiv das Gefühl, zu der vierzigköpfigen Großfamilie Raluy zu gehören.

Es ist ein einzigartiges Erlebnis, das Sie so schnell nicht vergessen werden. Zirkusfans und Neugierige können einen Tag im Leben dieser Artisten erleben: Trauen Sie sich, dem Messerwerfer Silvano als Zielscheibe zu dienen; helfen Sie der Seiltänzerin Steacy bei der Vorbereitung ihrer Show auf der frei stehenden Leiter; oder beobachten Sie den Clown Sandro dabei, wie er sich hinter der Bühne schminkt. Genießen Sie all das, ohne auf den Komfort des Schausteller-Wohnwagens von 1939 verzichten zu müssen, in dem Sie übernachten. Eine Übernachtung in diesem Zirkus ist wie eine Reise in die Vergangenheit und eine Wiederentdeckung des Flairs legendärer Zirkusse.

Palace Hotel Do Bussaco

Wer es wagte, einen Baum zu fällen, wurde verbannt!

Nördlich von Coimbra, im Herzen des Nationalwaldes von Bussaco, erhebt sich das Palasthotel Do Bussaco fast wie eine Fata Morgana. Das 1885 für die letzten Könige Portugals errichtete Hotel ist ein echter romantischer Prunkbau und ein typisches Beispiel für historistische Anverwandlungen verschiedener Baustile. Der prächtige Palast scheint einem Märchen entsprungen zu sein, denn er ist von einem geheimnisvollen botanischen Garten mit riesigen Bäumen, Kapellen, Klöstern, Seen, Sommerhäusern und Brunnen mit kristallklarem Wasser umgeben.

Alles begann 1628, als Dom Joao Melo, der Bischof von Coimbra, eine kleine Gruppe von Karmelitermönchen in die Region schickte, um einen Ort zu finden, an dem sie sich von der Welt zurückziehen und ein Kloster errichten konnten, um ihr Leben dem Gebet und der Kontemplation zu widmen. Die Karmeliter pflanzten viele Bäume, zum Beispiel die 30 Meter hohe Zeder, die seit 1644 hier steht und die Jahrhunderte überdauert hat. Im Jahr 1643 erließ Papst Urban VIII. ein päpstliches Edikt zum Schutz dieser 250 Hektar großen Grünfläche: Jeder, der es wagte, einen Baum zu fällen, sollte verbannt werden!

Das zweite Leben des Gebäudes als Hotel im Neo-Manueline-Stil begann 1917, als der Besitzer Alexander de Almeida das verlassene Schloss restaurierte und in ein Luxushotel umwandelte. Er behielt die Originalelemente der königlichen Familie bei – Gemälde, Fresken, Azulejo-Tafeln und Möbel –, sodass die Gäste für die Dauer ihres Aufenthalts wie Könige leben konnten. Die Kunstwerke, die das Hotel schmücken, ziehen viele Historiker und Kunstliebhaber an.

An den Wänden des Hotels hängen seltene Kunstwerke, die Szenen aus der portugiesischen Geschichte zeigen, wie beispielsweise die Schlacht von Bussaco, in der Wellington 1810 Napoleon besiegte, sowie Szenen aus den *Lusiaden*, dem Epos des portugiesischen Lyrikers Luis de Camoes. Die Azulejos, die herrlichen Deckenschnitzereien und die Steinbögen werden zweifellos auch Kunstkenner beeindrucken.

Villa Crespi

Ein Hauch von Magie!

Die Villa Crespi liegt am wunderschönen Ortasee und ist ein Juwel maurischer Architektur im Herzen der italienischen Seenregion (etwa eine Autostunde nördlich von Mailand). Die Villa beherbergt auch ein sehr renommiertes Restaurant – das zu Recht berühmt ist, denn es wurde mit zwei Michelin-Sternen gekrönt. Es trägt zu dem Hauch von Magie bei, den man verspürt, wenn man in diesem Hotel ankommt. Der einzige Nachteil: Anders als die Website des Hotels vermuten lässt, liegt die Villa liegt nicht direkt am Seeufer.

Tatsächlich ist die Villa durch eine Straße (und einen Parkplatz), was in der Hochsaison recht laut werden kann, vom See getrennt. Außerdem liegt das charmante Dorf Orta nicht so nahe, wie man vielleicht denkt – es ist einen 15-minütigen Fußmarsch entfernt.

Und schließlich sollte man sich – wenn möglich – für eine der wundervollen Suiten entscheiden, da einige Besucher enttäuscht von den Standardzimmern sind.

Die Villa wurde 1879 für den Baumwollfabrikanten Cristoforo Benigno Crespi erbaut, der von einer Bagdad-Reise so beeindruckt war, dass er beschloss, seinen eigenen Palast im orientalischen Stil zu bauen. In den 1930er-Jahren beherbergte die Villa Crespi unter anderem König Umberto di Savoia, später diente sie als spirituelles Zentrum und Ende der 1980er-Jahre wurde sie von den jetzigen Eigentümern in ein Luxushotel umgewandelt.

© Francesca Pagliai

© Francesca Pagliai

Atelier Sul Mare

Hotel-Museum für moderne Kunst

Der Unternehmer und Künstler Antonio Presti hat mit dem Atelier Sul Mare ein ganz außergewöhnliches Hotel geschaffen, das laut Website „alltägliches Leben und moderne Kunst miteinander verbinden soll". Es liegt auf halbem Weg zwischen Palermo und Messina und ist wirklich eine Reise wert, auch wenn es nicht übermäßig luxuriös ist.

Man sollte sich bei der Reiseplanung nicht auf die Hotel-Website verlassen – sie wird diesem Ort nicht gerecht. Die Straße, die zwischen dem Hotel und dem Strand zu sehen ist, existiert zwar, geht aber schnell in eine Sackgasse über und wird kaum genutzt. Dafür ist der Ausblick grandios: Das Wasser reicht fast bis zu den Fenstern und die Äolischen Inseln bilden eine atemberaubende und geheimnisvolle Kulisse.

Das Motto des Hotels wird schon am Eingang klar: Das Atelier Sul Mare ist ganz der modernen Kunst gewidmet. Im Gegensatz zu vielen Häusern, die sich als Kunsthotels bezeichnen, ist das Wort „Kunst" hier kein leeres Wort: Jedes Zimmer wurde von einem anderen Künstler gestaltet.

13 der 40 Zimmer des Hotels wurden von modernen Künstlern designt. Besonders empfehlenswert sind das „Zimmer des Propheten", eine Hommage an Pier Paolo Pasolini (gestaltet von Dario Bellezza, Adele Cambria, Antonio Presti), das Zimmer „Trinacria" (von Maurizio Staccioli) mit seinem riesigen dreieckigen Bett und „Turm des Sigismund" (von Raoul Ruiz), dessen Dach sich manuell öffnen lässt, sodass man direkt unter dem Sternenhimmel schlafen kann – weit ausgestreckt auf einem riesigen runden Bett, das tief in einen Zylinder eingelassen ist.

Gut zu wissen: Seinem sozialen Gewissen folgend, wollte Antonio Presti sein Hotel auch weniger wohlhabenden Leuten zugänglich machen. Deshalb hält er die Preise bewusst niedrig (ab 70 Euro pro Person und Nacht), und es ist nicht untypisch für ihn, durchreisenden Künstlern ein oder zwei Nächte seine Gastfreundschaft anzubieten.

Die Präsidentensuite des Hotel Principe di Savoia

Das vielleicht schönste Hotelzimmer der Welt

Das 1896 erbaute Principe di Savoia gehört unbestritten zu den schönsten Hotels von Mailand – Italien – ja, der Welt. In der Reihe der Luxuspaläste hat es anderen international renommierten Häusern jedoch noch etwas voraus: seine Präsidentensuite, die nicht wenige für das schönste Hotelzimmer weltweit halten.

500 Quadratmeter, drei Zimmer, mehrere (funktionstüchtige) Kamine, aber auch und vor allem ein atemberaubendes privates Schwimmbad im pompejanischen Stil mit Mosaikboden und handgemalten Fresken. Dazu ein eigener Spa-Bereich mit Hammam und Sauna, eine große Terrasse im zehnten Stock des Hotels und ein eigenes Speisezimmer …

Fotos © Assaf Shoshan für die Villa Medici

Villa Medici

Schlafen in der schönsten Villa Roms

Es ist eines der schönsten Geheimnisse der Ewigen Stadt: Die Villa Medici bietet eingeweihten Besuchern seit einigen Jahren das Privileg, vier historische Räume in den früheren Privatgemächern der Medici für Übernachtungen zu mieten.

Der Begriff „Privileg" ist hier wörtlich zu verstehen. Spätestens, wenn man die Villa nach dem Abendessen durch die kleine Tür innerhalb des großen Eingangsportals betritt, wird einem schlagartig bewusst, dass man hier gerade etwas ganz Besonderes erlebt. In nächtlicher Stille am oberen Ende der breiten Marmortreppe angekommen, breitet sich dem Gast zu Füßen der berühmte Garten aus …

Die vier Zimmer (je etwa 70 m² groß!) sind teils mit Fresken von Jacopo Zucchi aus dem 16. Jahrhundert, teils mit historischer Kassettendecke ausgestaltet und bieten entweder eine herrliche Aussicht über die Gärten oder ein 180-Grad-Panorama Roms. In einer der Suiten steht ein Flügel.

Doch Vorsicht: Die Zimmer bieten weder den Luxus noch den Service der großen Hotels. Das Badezimmer ist trotz der Badewanne eher bescheiden, und auch einen Fahrstuhl, Personal, das einem den Koffer nach oben trägt, oder Frühstück gibt es nicht. (Das ebenfalls in der Villa gelegene Caffe Colbert sorgt stilvoll für Abhilfe.)

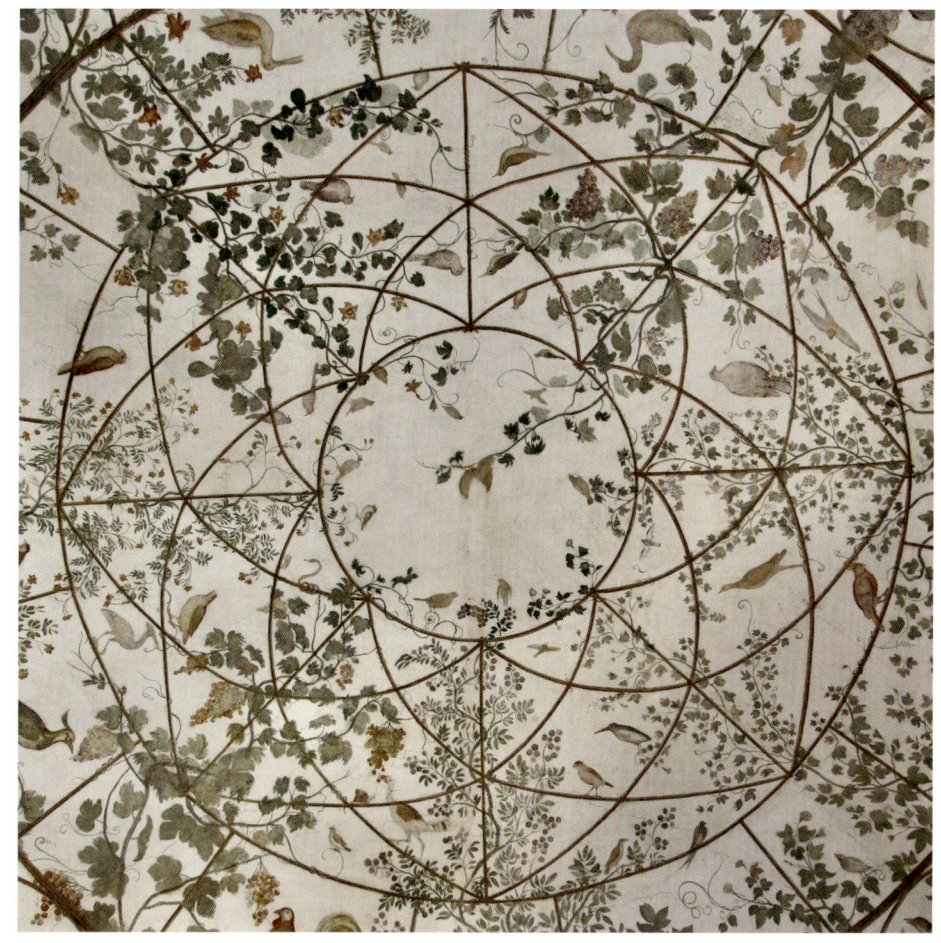

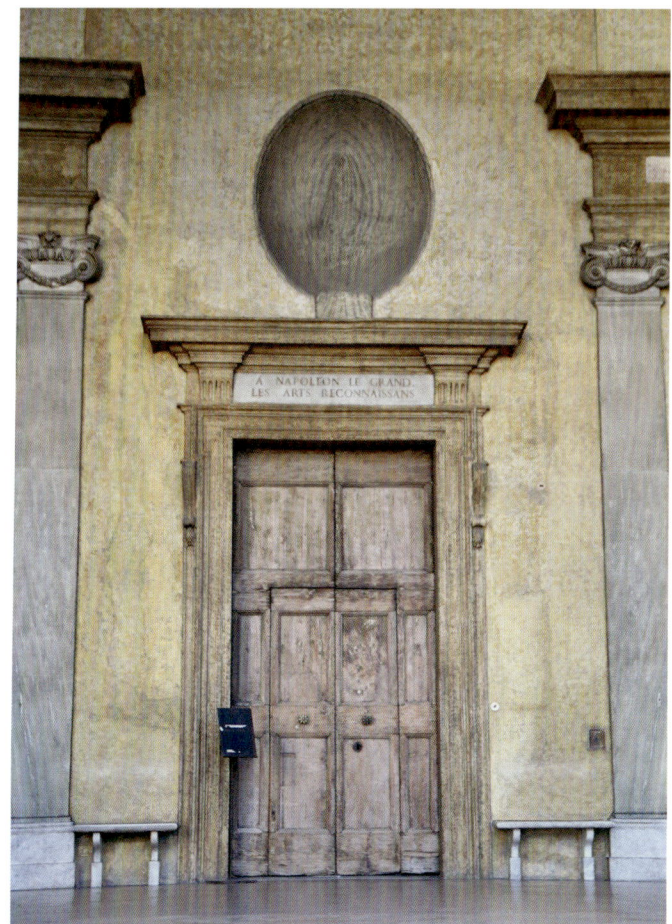

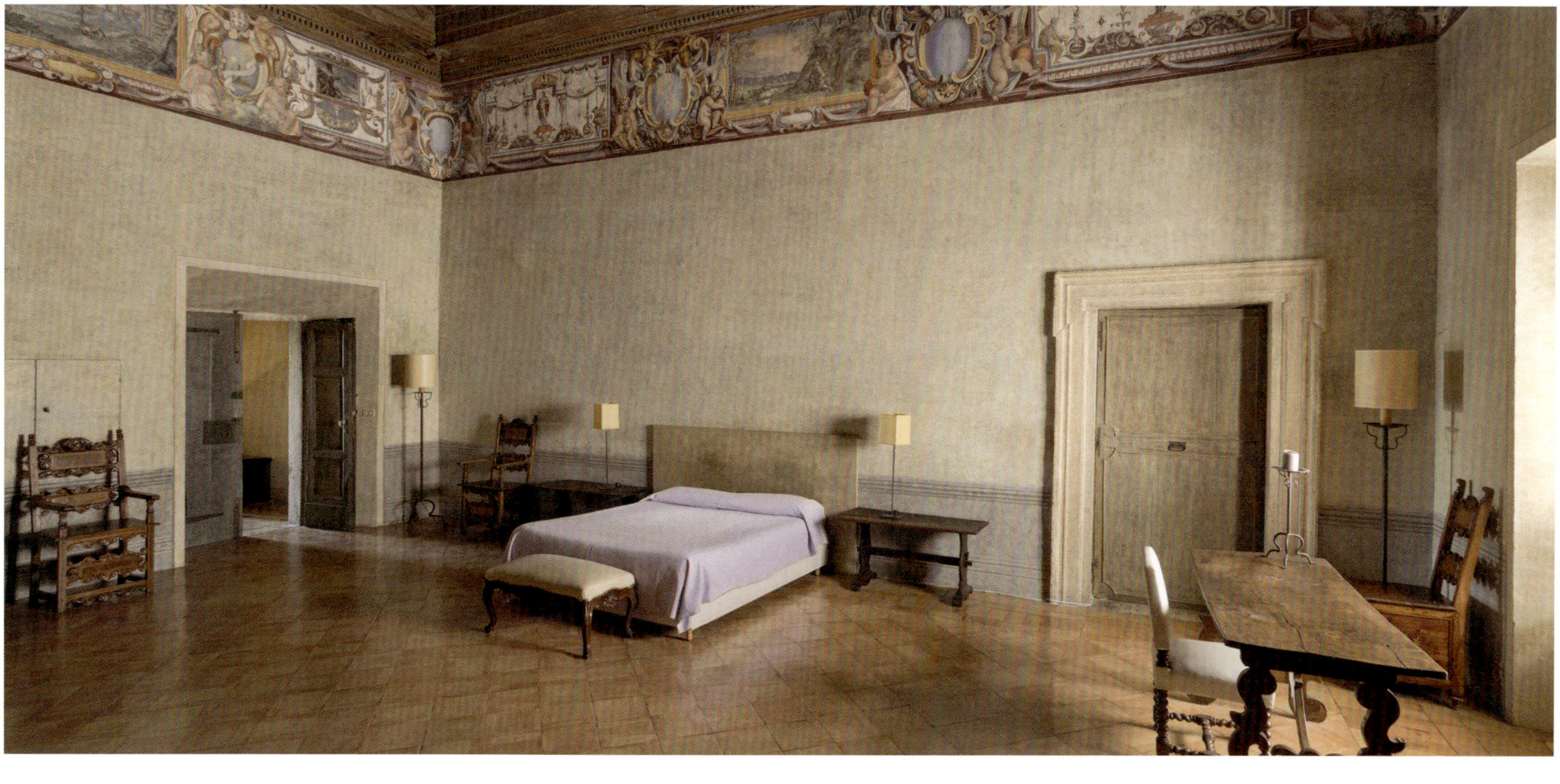

© Daniele Molajoli/Villa Medici

Hotel Ještěd

Preisgekröntes Architekturdesign mit eindrucksvollem Ausblick

Seit Mitte des 20. Jahrhunderts werden Wanderer auf dem Berg Ještěd mit einem Imbiss begrüßt. Als der Aussichtsturm 1963 in Brand geriet, nutzte man diesen Umstand, um etwas noch Spektakuläreres zu bauen.

Drei Jahre lang wurden Entwürfe für einen Fernsehturm, ein separates Restaurant und ein kleines Hotel geprüft. Das radikale Design des Architekten Karel Hubáček, welches all diese Elemente miteinander kombinierte, fand schließlich allgemeine Zustimmung.

Die Lage des Hotels auf dem Berggipfel erforderte den Einsatz neuer Baumethoden und -materialien, da die TV-Sendeantennen in das Bauwerk eingeschlossen werden mussten, um den harten klimatischen Bedingungen standhalten zu können.

Die architektonische Lösung erhielt 1969 den weltweit anerkannten Perret-Preis, und im Jahr 2000 wurde dem Hotel der Titel „Bestes tschechisches Bauwerk des 20. Jahrhunderts" verliehen.

Tschechische Republik

V8 Hotel

Ein Hotel mit Motoren-Motto
in den umgebauten Gebäuden eines Zeppelin-Flugplatzes

Das Vier-Sterne-Hotel V8 gehört zum MOTORWORLD-Komplex auf dem alten Zeppelin-Flugplatz bei Böblingen. In Zusammenarbeit mit dem Porsche-Museum und Mercedes-Benz treffen sich hier Autoliebhaber, Sammler und Restauratoren, um die historischen Fahrzeuge zu bewundern, die in der „Hall of Legends" im Hauptgebäude ausgestellt sind. Sammler von Oldtimern haben die Möglichkeit, ihr Fahrzeug in Glaskästen zu parken, damit andere bei den Reparatur- und Wartungsarbeiten zusehen können.

Das V8 Hotel selbst befindet sich im ursprünglichen Flughafenhotel, das im Bauhaus-Stil (1928) errichtet wurde, jetzt aber vollständig restauriert und denkmalgeschützt ist.

Die Standardzimmer sind mit großartigen Wandfotografien dekoriert, aber die Themenzimmer heben das Motto „Automobil" auf ein neues Niveau. Wollten Sie nicht immer schon mal in einem umgebauten weißen Mercedes-Bett schlafen – blank poliert wie aus der Autowaschanlage? Oder vielleicht sind Airbrush-Sonderlackierungen und Chrom im *Tuning*-Zimmer eher Ihr Stil? Oder doch lieber der 53er VW-Käfer Herbie, der als Bett im *Tankstellen*-Themenzimmer geparkt ist?

Ein Cadillac-Bett und Kunstwerke, die an die Autokinos der 1950er- und 1960er-Jahre erinnern, oder das Zimmer *V8 Camp*, das ganz im Zeichen der Natur steht – wer Automobilen etwas abgewinnen kann, kommt hier wahrlich auf seine Kosten.

Jeder wird einen Favoriten haben, aber das Morris-Minor-Autobett im *Werkstatt*-Zimmer – mit einem Mechaniker unter dem Auto – verdient besondere Erwähnung. Das Bett ist auf einer Hebebühne aufgebockt, der Nachttisch ist ein Ölfass, und die Werkbank eines Mechanikers dient als Schreibtisch.

Rogner Bad Blumau

Das Spa-Hotel mit grasbewachsenen Dächern und Regenbogenfassaden wurde von dem exzentrischen österreichischen Künstler Hundertwasser entworfen

Das im Jahr 2000 eröffnete Rogner Bad Blumau besticht durch sein vielseitiges Design – die grasbewachsenen Dächer der Hauptgebäude sind einer sanften Hügellandschaft nachempfunden.

Einige Zimmer befinden sich unter der Erde und haben Fenster mit Blick auf beleuchtete Innenhöfe; andere sind an die Hügellandschaft angepasst. Im Zentrum des Komplexes befindet sich ein Spa, zu dem auch ein preisgekröntes Gourmetrestaurant gehört. Das Spa verfügt über eine Reihe von Saunen und es werden verschiedene Wellness-Anwendungen angeboten. Die heißen

Thermalquellen liefern Wärme und erzeugen den Strom für das Resort.

Obwohl die Zimmer nach verschiedenen Themen gestaltet sind, sind sie alle auf dem gleichen Niveau, was Komfort und Einrichtung anbelangt. Drinnen hat man das Gefühl, sich in einem gut ausgestatteten Vier-Sterne-Hotel zu befinden. Draußen sieht es jedoch ganz anders aus: Das Hotel sieht aus wie ein Gebäude, das sich in einer Fantasiewelt befindet, so bunt wirkt das Mosaik aus farbigen Kacheln, Gras und seltsam angeordneten Fenstern im Gesamtdesign.

Hundertwassers künstlerische Vision durchzieht das Hotel wie ein roter Faden: Seine Architektur ist charakterisiert von leuchtenden Farben, organischen Formen, einem starken Individualismus und der Ablehnung von geraden Linien.

Das architektonische Werk von Hundertwasser, der gerade Linien als „Werkzeuge des Teufels" bezeichnete, ist mit dem von Antoni Gaudi vergleichbar. Seine Designs wurden für Flaggen, Briefmarken, Münzen, Plakate, Schulen, Kirchen und – am beeindruckendsten – für eine öffentliche Toilette in seiner Wahlheimat Neuseeland genutzt; egal, wo auf der Welt er sich aufhielt, seine Uhr war immer auf neuseeländische Zeit eingestellt.

Österreich

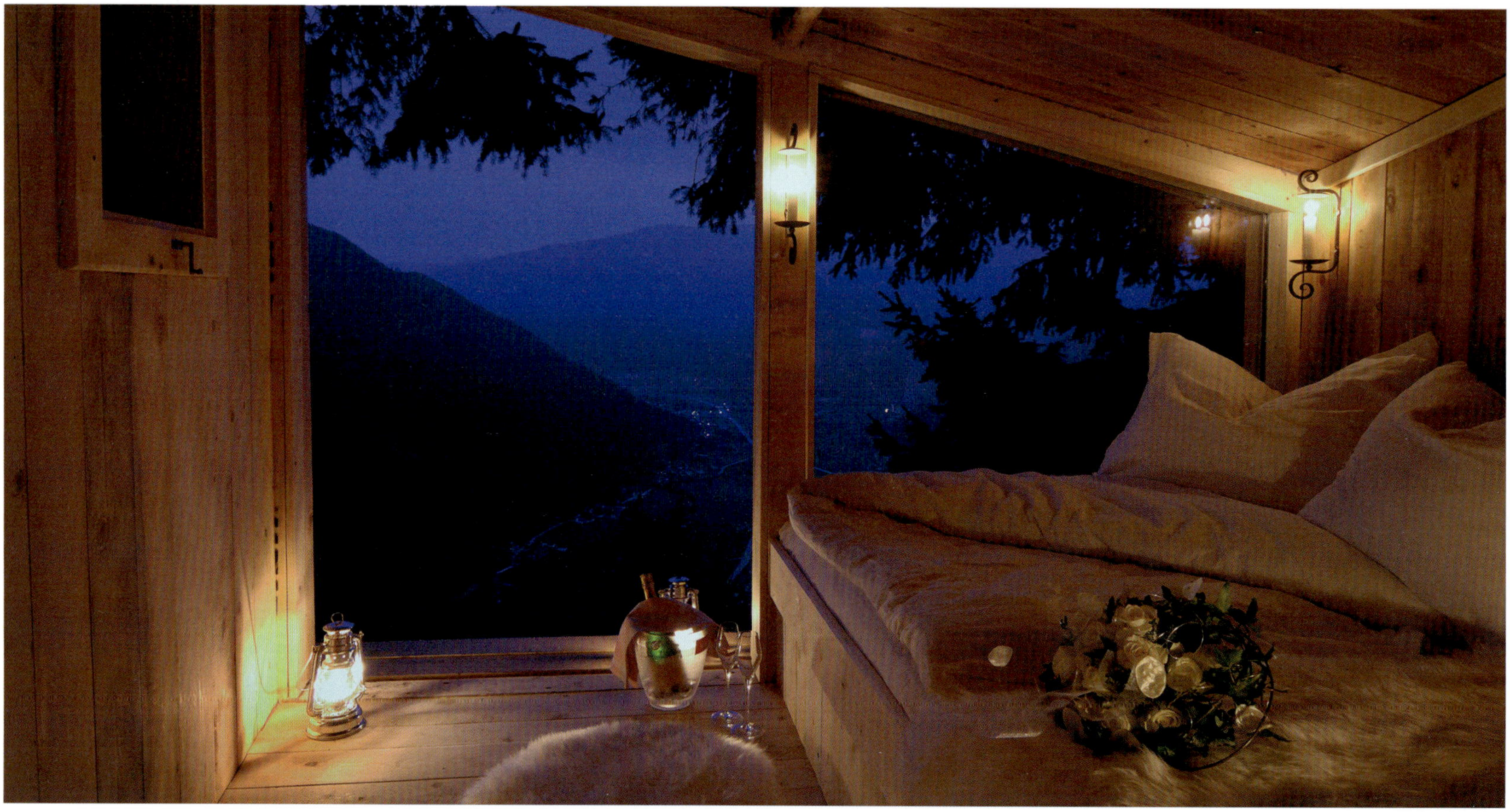

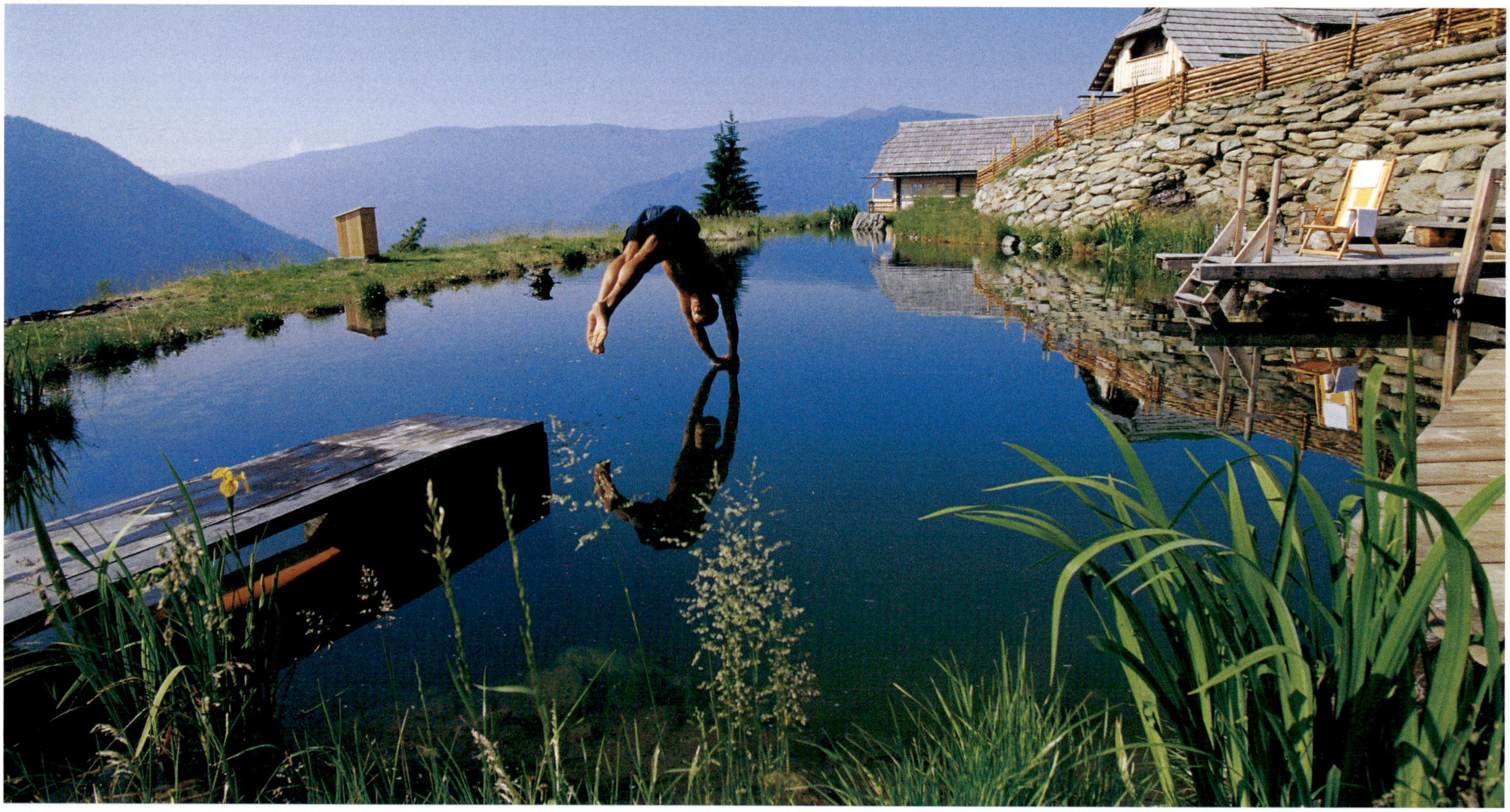

Das Baumhaus
im Almdorf Seinerzeit

Ein Liebesnest mit Blick auf das Tal

30 Minuten von Villach entfernt liegt das Almdorf Seinerzeit: ein kleines Paradies mit rund einem Dutzend Chalets, die jeweils über zwei oder drei Schlafzimmer verfügen. Hier können Sie eine ganze Hütte oder ein Chalet mieten (nicht nur ein Zimmer). Alle Unterkünfte sind elegant designt und eingerichtet (nichts Superschickes, eher urig mit viel Holz), aber eine Hütte sticht besonders hervor: Es ist ein Baumhaus mit Blick auf das Tal.

Die Hütte – die über eine Zugbrücke zu erreichen ist, die Sie völlig von der Außenwelt abschneidet, wenn sie hochgezogen wird –, ist trotz ihrer geringen Größe mit allen modernen Annehmlichkeiten ausgestattet. Sie müssen sich nur noch entscheiden, auf welche Temperatur Sie die Heizung einstellen, damit Ihnen nicht zu warm oder zu kalt ist, wenn Sie durch das große Erkerfenster die schöne Aussicht auf das Tal genießen. Kerzen und Streichhölzer werden bereitgestellt, um das romantische Flair komplett zu machen. Das Almdorf verfügt nicht nur über ein traditionelles Restaurant, sondern auch über die wunderbare und bezaubernde Holzknechthütte, die für sich beansprucht, „das kleinste Restaurant der Welt" zu sein. An diesem charmanten Ort können bis zu vier Personen mit Blick auf das Tal speisen. Dank des Holzfeuers, das der Koch manchmal zur Zubereitung der Mahlzeiten nutzt (die restliche Zeit ist man in der ruhigen Hütte allein), ist die Atmosphäre ausgesprochen zauberhaft.

Um den Aufenthalt noch mehr genießen zu können, empfehlen wir Ihnen, vor dem Abendessen das Kräuterheubad im Hotelspa auszuprobieren. Die darin enthaltenen Kräuter sollen beruhigend und entschlackend wirken. Im Anschluss ruhen und entspannen Sie im Heubett.

Whitepod Eco-Luxury Hotel

Hightech-Iglus in einem Schweizer Öko-Resort

Whitepod ist eine Kreation der gebürtigen Schweizerin Sofia de Meyer. Sie hat nach einer neuartigen Hightech-Lösung gesucht, damit sich Touristen in der natürlichen Schönheit der Schweizer Alpen erholen können, ohne dabei die Umwelt zu belasten.

Auch im fünften Jahr seines Bestehens hat das Resort kaum Spuren in der Landschaft hinterlassen, sich aber einen Namen im Ökotourismus gemacht – es wurde mit dem *Responsible Tourism Award for Innovation* ausgezeichnet.

Die fünfzehn geodätischen Halbkugelzelte (Pods) von Whitepod sind mit traditionellen Möbeln und einfachen Holzöfen ausgestattet, die für wohlige Wärme sorgen.

Die Hütten werden von Laternen beleuchtet – der einzige Stromanschluss befindet sich in der drei oder vier Gehminuten entfernten Haupthütte. Die Pods sind im Winter mit weißem Segeltuch bedeckt und im Sommer grün – damit fügen sie sich perfekt in die umliegende Landschaft ein. Sie stehen auf Holzplattformen, sodass sie leicht bewegt werden können. In der Haupthütte befinden sich die Restaurants, Wellnesseinrichtungen und die Badezimmer (die größeren Pavillonpods verfügen über Privatbäder).

Der Ausblick aus den großen Fenstern der Pods auf die gegenüberliegenden Berge ist atemberaubend – erst recht, wenn sich die Sonne im Schnee spiegelt und man morgens von den Sonnenstrahlen geweckt wird. Ein Wecker ist hier nicht nötig. Nach einer Fahrt auf der privaten Skipiste (die über drei Lifts und 7 Kilometer lange Pisten verfügt) oder nach einer traditionellen Schneeschuhwanderung in den umliegenden Wäldern fällt man in einen tiefen Schlaf und wacht frühmorgens erfrischt auf.

Vielleicht ist es die klare Bergluft oder das Fondue vom Vorabend, aber man hat plötzlich eine Energie, die bei der Ankunft noch nicht da war. Die Unternehmungen im Freien machen Appetit, und der Küchenchef bietet zwei Abendmenüs an: eines mit traditionell deftigen Schweizer Berggerichten wie Raclette und Fondue, das andere mit leichten Gerichten aus lokalen Zutaten. Das Whitepod ist so eng in die Dorfgemeinschaft integriert, dass es sogar einen kleinen Lebensmittelladen für die Dorfbewohner betreibt.

Iglu-Dorf

Übernachten Sie in einem von Künstlern gebauten Iglu oder in Ihrem eigenen!

1996 baute Adrian Gunter sein erstes Iglu und löste damit eine Lawine der Begeisterung unter seinen Freunden aus, die auf einmal alle eine Nacht im Iglu ausprobieren wollten. Also baute er noch mehr Iglus und eröffnete 2004 seine „kleine weiße Welt", die nun in sechs Dörfern – in Andorra, der Schweiz und in Deutschland – Gäste aufnimmt.

Jedes Jahr im Dezember werden in jedem „Iglu-Dorf" 3.000 Tonnen Schnee verarbeitet, um die Iglus zu errichten, und Adrian lädt Künstler ein, die fantastische Skulpturen erschaffen. Mit nichts weiter als Eispickel, Motorsäge und Schaufel ausgerüstet, meißeln die Künstler Seerobben, Polarwölfe, Eisbären und Wale sowie kreative Designs und Muster aus dem Eis. Die Skulpturen werden mit Kerzenlicht beleuchtet und blicken von den Wänden auf die Gäste hinab.

Die Dörfer sind jährlich vom 1. Weihnachtsfeiertag bis Anfang April geöffnet (sofern die Schneeverhältnisse es zulassen). Im Jahr 2010 haben dort insgesamt 10.000 Besucher aller Altersgruppen eine gemütliche Nacht verbracht, gut eingemummelt in warme Expeditionsschlafsäcke und Schaffelldecken: Der jüngste Gast war ein 19 Monate altes Baby, der älteste Gast eine 83-jährige Dame.

In den einzelnen Dörfern können die Gäste zwischen verschiedenen Iglu-Varianten wählen: vom Standard- und Gruppen-Iglu bis hin zu „Romantik"-Suiten mit privatem Whirlpool oder Sauna. Das Team hat sogar eine Kirche mit Altar und Taufbecken für Hochzeitsgesellschaften gebaut. Jedes Dorf ist mit einer großen Igluhotel-Lobby und einer Bar ausgestattet, in der abends Käsefondue und Glühwein serviert werden. Die „Romantik-Plus"-Iglus der Spitzenklasse verfügen sogar über eigene Toiletten.

Kolarbyn

Schlafen Sie in einer getarnten Hütte im Wald – ohne Strom!

Kolarbyn besteht aus zwölf kleinen Waldhütten, die am schönen See Skärsjön liegen. Die Hütten, die als Schwedens einfachstes Hotel bekannt sind, haben keine Stromversorgung, und die dunklen Nächte werden mit Kerzen oder traditionellen Öllampen erhellt. Jede Hütte bietet zwei Schlafplätze, die mit Schaffellteppichen gut gepolstert sind. Ein Holzofen hält Sie warm. Allerdings besteht Ihre erste Aufgabe darin, Holz zum Kochen und Heizen zu sammeln und zu hacken. Gäste, die unter der Woche anreisen, müssen ihr eigenes Essen mitbringen, um es an einer der Feuerstellen (eine davon mit Blick auf den See) selbst zuzubereiten. Der nächste Supermarkt befindet sich im drei Kilometer entfernten Ort Skinnskatteberg; Pfannen und Besteck findet man im Lagerhaus. An den Wochenenden kann man sich nach vorheriger Bestellung Essen liefern lassen. Es gibt auch eine Sauna, für die man allerdings selbst Holz hacken muss. Da die Waschmöglichkeiten auf einen Bach beschränkt sind, sollte man so mutig sein, um ein kühles Bad im nahegelegenen See zu nehmen. Die natürlichen Bio-Toiletten (Toilettenhäuschen) sind rustikal, erfüllen aber ihren Zweck – so, wie es jahrhundertelang üblich war!

Treehotel

Baumhäuser mitten im Wald

Dieses fantastische Hotel in den Baumkronen von Harads in Nordschweden wurde mithilfe von sechs bekannten Designern und Architekten entworfen. Sie haben einzigartige Baumhäuser kreiert, die im Einklang mit der Natur und ökologischen Werten stehen.

Alle Baumhäuser wurden in einer Höhe von vier bis sechs Metern in die Baumkronen von Kiefern gesetzt. Sie sind entweder über eine Rampe oder eine stabile Treppe zu erreichen. Eines der Baumhäuser verfügt über eine ausfahrbare elektrische Leiter.

Die Baumhäuser haben eigene Wohn- und Schlafbereiche, die jeweils mit zwei bis vier Betten ausgestattet sind. Außerdem gibt es eine Sauna und einen Entspannungsraum, in den bequem zwölf Gäste passen. Dies ist das erste Baumhaus-Hotel mit einer Sauna!

Fotos ©Peter Lundstrom, WDO

Jumbo Stay

Eine Nacht im Cockpit einer Boeing 747

Im Jumbo-Jet aus dem Jahr 1976 erleben Gäste eine unvergessliche Nacht! Er bietet eine große Auswahl von Zimmern – von preisgünstigen Gemeinschaftsschlafsälen bis hin zu zwei luxuriösen Suiten (eine im Cockpit, die zweite im Heck).

Die Schlafsäle bestehen aus Zweibett- und Vierbettzimmern mit Gemeinschaftsduschen und -toiletten im Gang. Sie sind komfortabel, sauber und eignen sich perfekt für Gäste, deren Flüge sehr früh am nächsten Morgen starten.

Die Luxussuiten sind noch viel schöner, und das umgebaute Cockpit bietet einen schönen Ausblick auf die Rollbahn des Flughafens.

Ein einzigartiges und außergewöhnliches Erlebnis für jeden Geldbeutel!

ICEHOTEL

IN EINEM VERGÄNGLICHEN KUNSTWERK SCHLAFEN – BEI TEMPERATUREN VON -5 °C!

Das Eishotel ist mittlerweile ein Klassiker. Es ist der Inbegriff des Wandels und wurde weltweit in vielen Zeitschriften abgebildet (Kate Moss und Naomi Campbell wurden hier fotografiert). Dieser Ort entfaltet seinen Zauber jedes Jahr aufs Neue und begeistert abenteuerlustige – und frostfeste – Gäste!

Das Besondere an diesem Hotel (das erstmals Anfang der 1990er-Jahre errichtet wurde) ist, dass es jedes Jahr zu Winterbeginn aus dem gefrorenen Wasser des nahegelegenen Flusses (neu) gebaut wird und jedes Frühjahr schmilzt. Es ist ein geschlossener Kreislauf: Das Wasser des Flusses verwandelt sich in Eis und kehrt etwa sechs Monate später auf natürliche Weise in den Fluss zurück ...

Das Eishotel bietet zwei Arten von Unterkünften: Zimmer und Suiten. In beiden Fällen schläft man auf einem Eisblock, der mit einer Isolierfolie und Rentierfellen bedeckt ist. Die Temperatur beträgt etwa -5 °C. Da die Suiten von verschiedenen Künstlern gestaltet werden, sollte man, wenn es die finanziellen Mittel erlauben, unbedingt eine Suite buchen; in einem echten Kunstwerk zu schlafen ist etwas ganz Besonderes.

Das Hotel verfügt über eine berühmte – und unverzichtbare – Eisbar, die auch Nichtgästen offensteht. Außerdem gibt es eine Eiskapelle, die einige Paare als Hochzeitskapelle nutzen. Auch wenn das alles sehr idyllisch klingt: Die Schlafsäcke werden ihrer Aufgabe nicht immer gerecht. Wer frühmorgens nicht fröstelnd aufwachen will, sollte seinen eigenen Kälteschlafsack mitbringen – und möglichst warme Kleidung einpacken, auch wenn das Hotel freundlicherweise Overalls an die Gäste verteilt, die man vor Ort wahrscheinlich tragen wird.

Vorsicht mit den „warmen Zimmern": Sie sind komfortabel, aber ziemlich teuer und haben keine Badewannen.

In der Nähe des Hotels gibt es zwei Restaurants. Wir empfehlen das weiter entfernte Restaurant: Es hat eine viel schönere Atmosphäre und der Spaziergang dorthin ist sehr reizvoll.

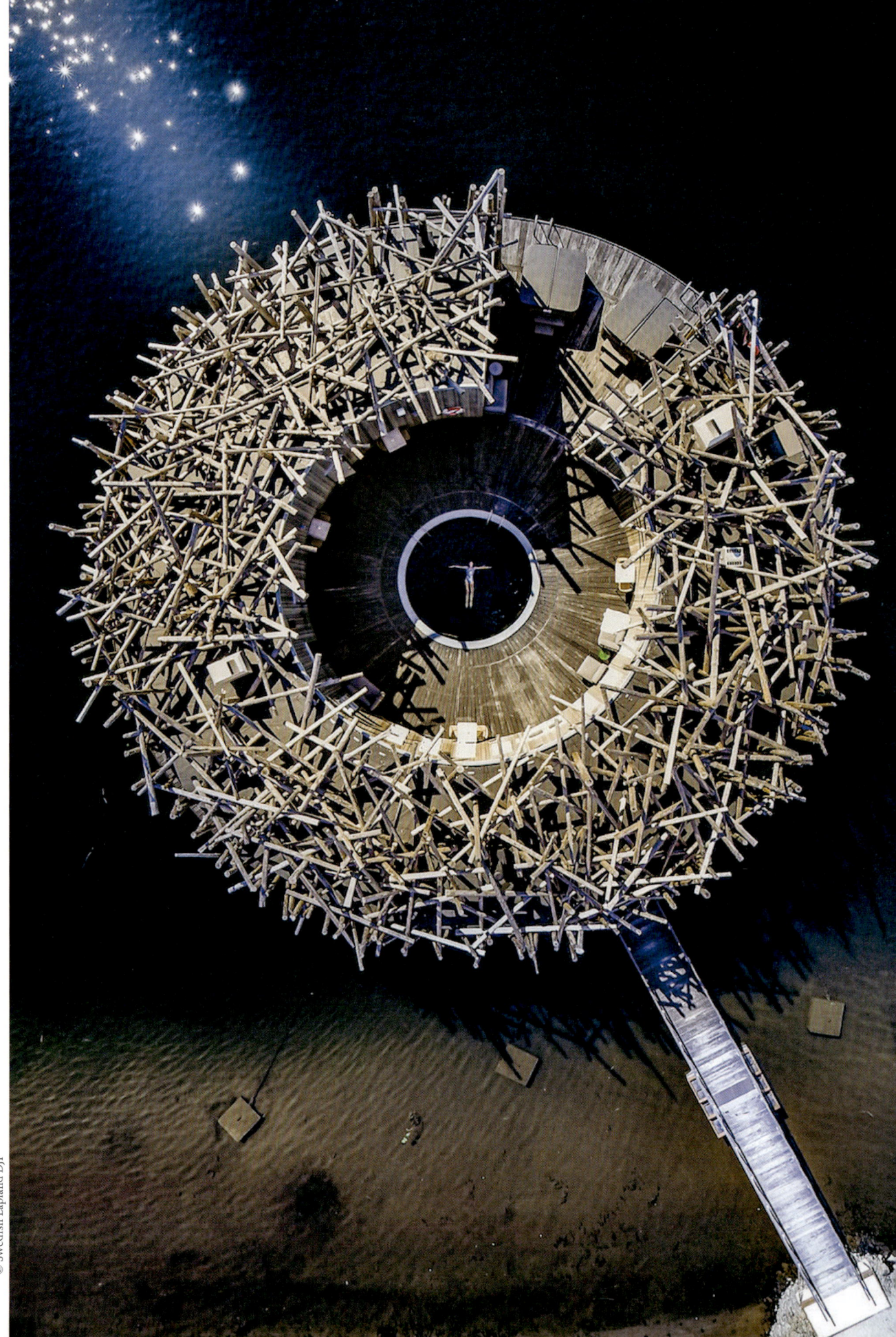
© Swedish Lapland DJI

Arctic Bath

Skandinavisches Design im Herzen von Schwedisch Lappland

Im Herzen von Schwedisch Lappland, im hohen Norden des Landes, liegt in fantastischer Kulisse unweit des Polarkreises Arctic Bath. Dieses einzigartige Hotel ist ganzjährig geöffnet: im Winter für Ausflüge auf Langlaufskiern, Fahrten mit dem Motor- oder Hundeschlitten oder zum Bewundern der Polarlichter; im Sommer für Wanderungen durch die umliegenden Wälder, Kajaktouren oder ein Bad im Schein der Mitternachtssonne.

Neben den zahlreichen Aktivitäten bietet das Hotel ein außergewöhnliches Restaurant, einen Spa-Bereich mit stilvollem rundem Becken und zwölf luxuriöse Zimmer mit minimalistischem Design und herrlichem Blick auf das Wasser und die Ufer des Flusses Lule älv.

Das ebenfalls außergewöhnliche Treehotel (s. Seite 113) liegt nur wenige Autominuten entfernt.

© Malin Saxcom

© Swedish Lapland

© Viggo Lundberg

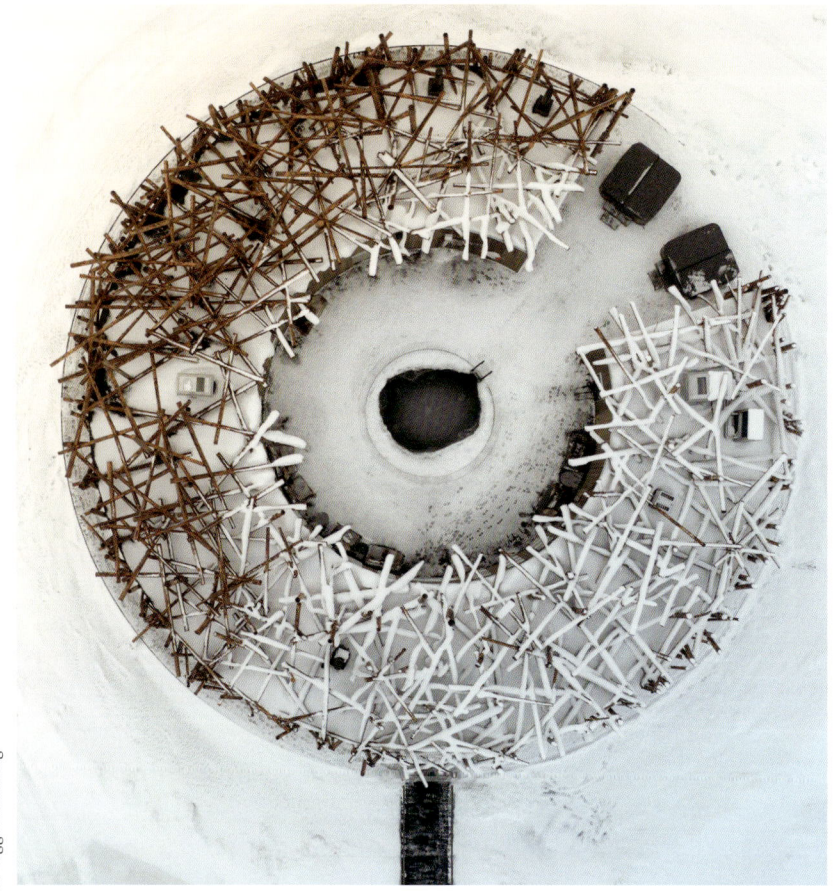

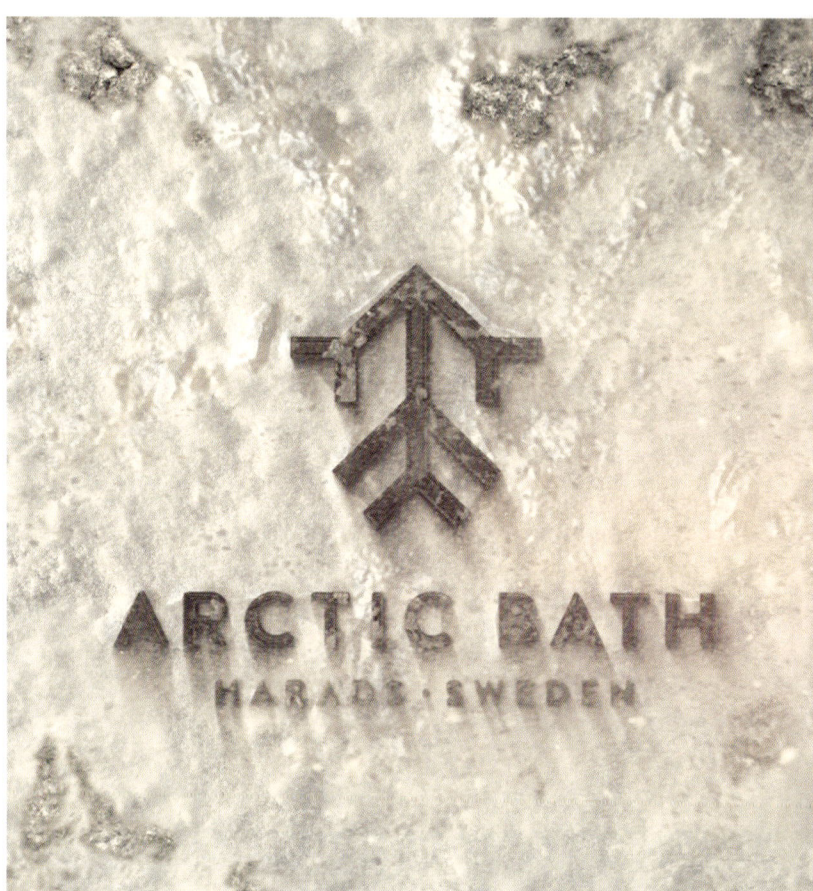

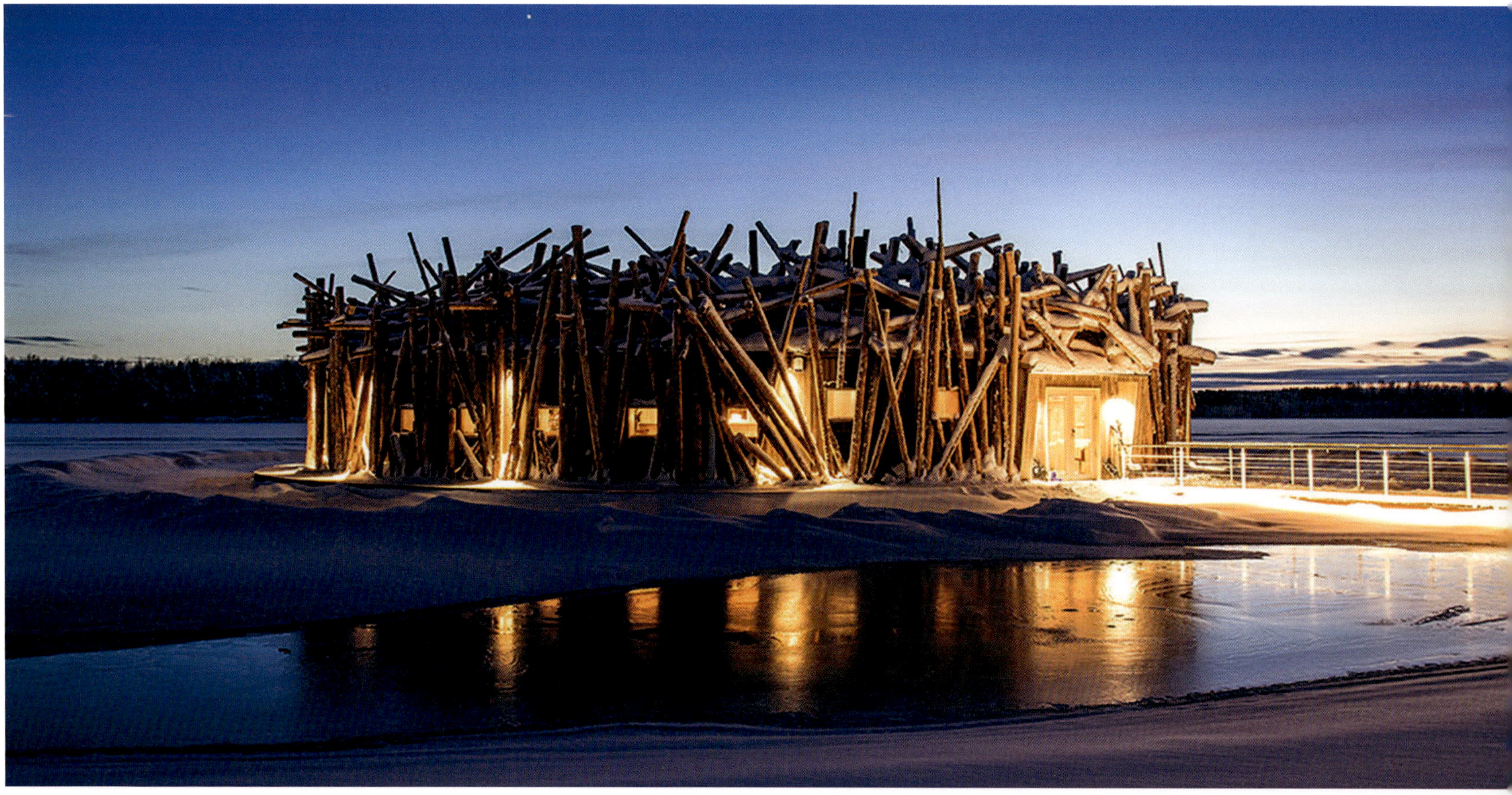

© Norrland

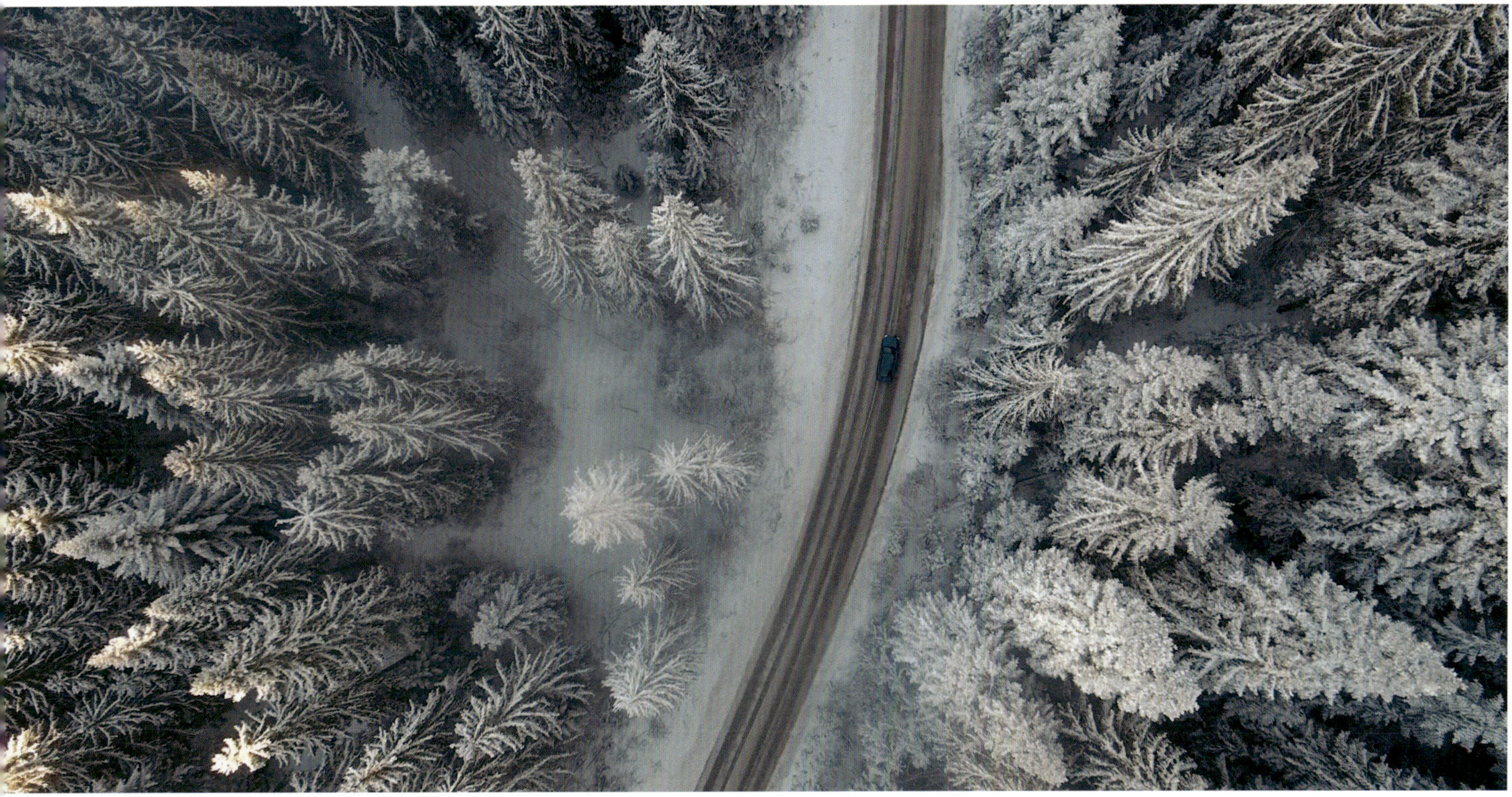

© Pasquale Bascotto

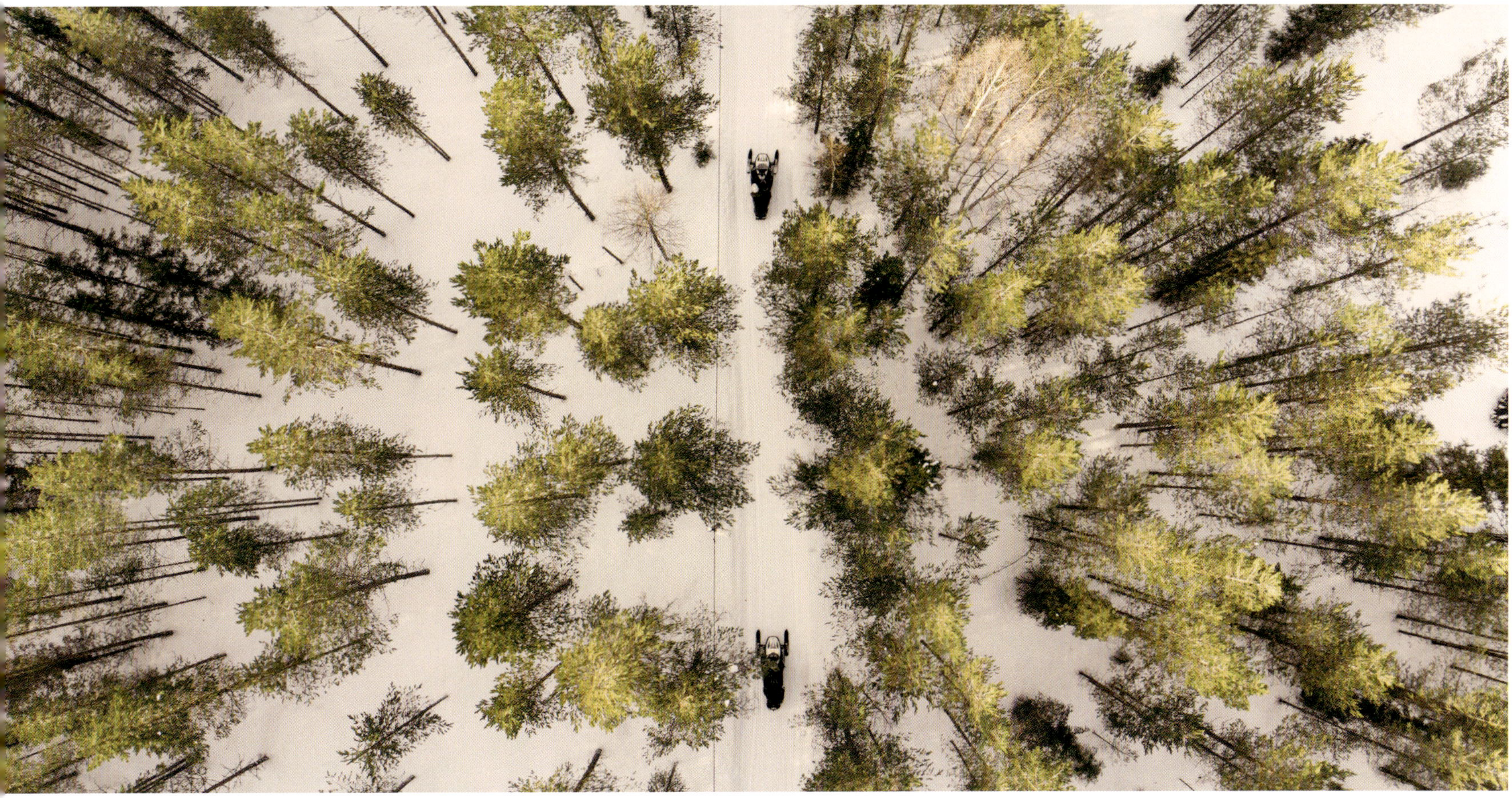

© AlexAndJames

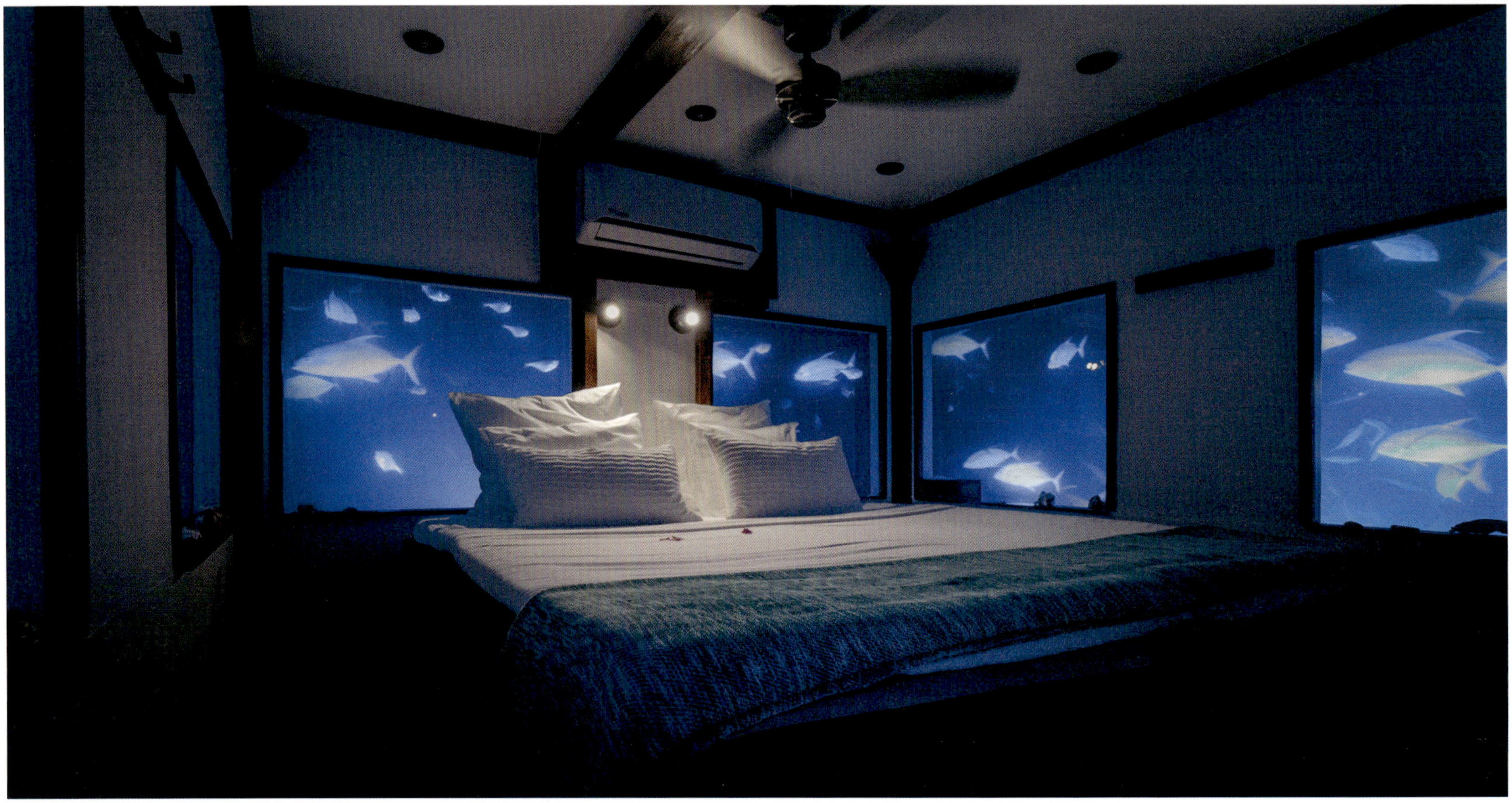

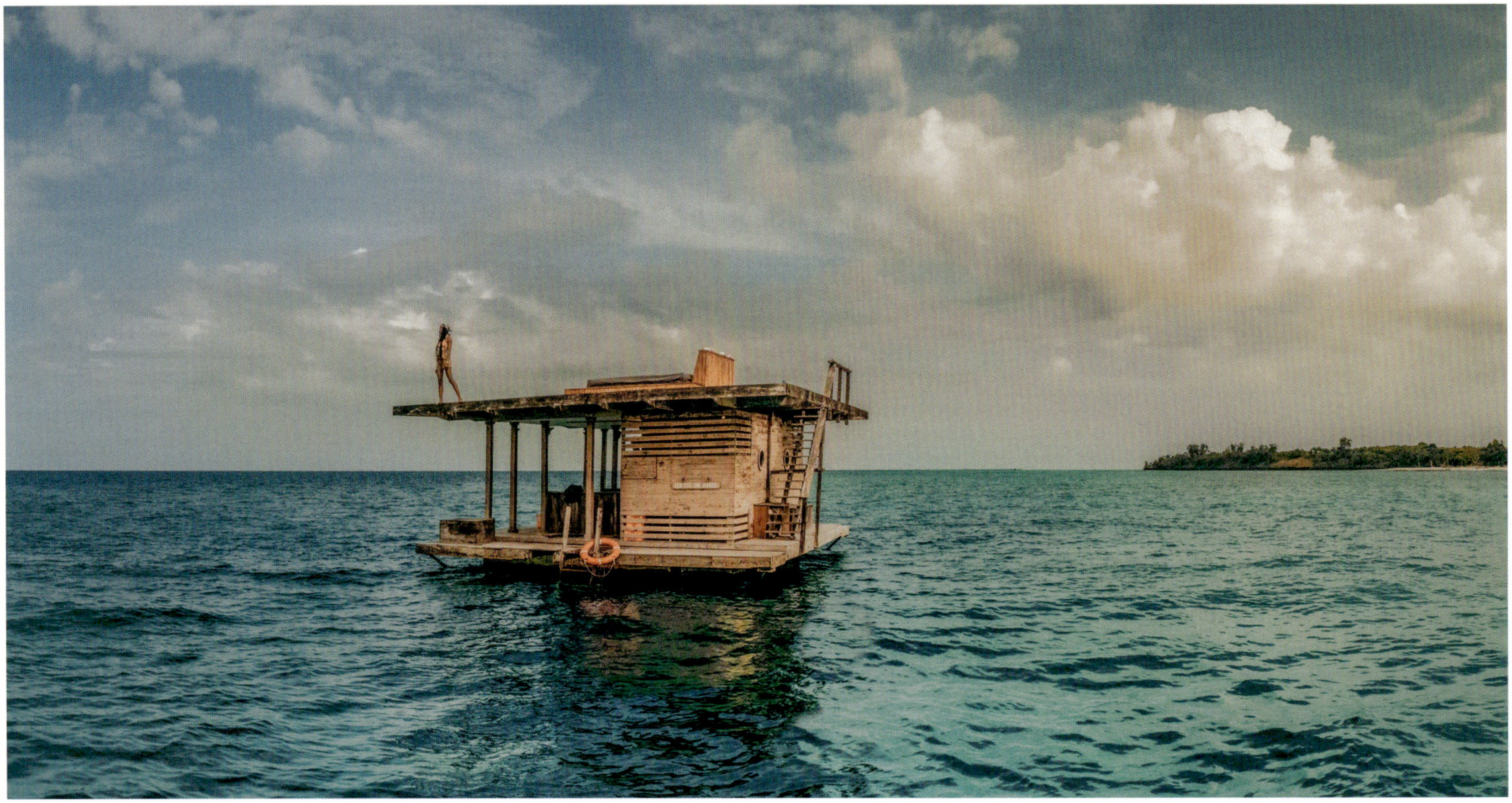

Unterwasserzimmer im Manta Resort

Ein spektakuläres Unterwasserzimmer

Rund eineinhalb Stunden nördlich des Flughafens von Pemba Island (einer 30 Flugminuten nördlich von Sansibar gelegenen Insel) liegt das Manta Resort, ein wunderschönes Hotel, das seinen Gästen neben höchstem Komfort ein 200 Meter vor der Küste gelegenes, einzigartiges Unterwasserzimmer bietet. Der „Underwater Room" ist in drei Ebenen gegliedert: eine Dachterrasse für ein Sonnenbad oder den nächtlichen Blick in die Sterne (ideal, um alles andere zu vergessen), einen Wohnbereich auf Wasserebene (mit Dusche, WC und Kühlschrank) sowie ein Schlafzimmer – vier Meter unter der Wasseroberfläche mit 360°-Panoramafenstern. Morgens bei Sonnenaufgang und nachts tummeln sich, angelockt durch das Licht, besonders viele Fische vor den Fenstern.

Abendessen und Frühstück werden mit dem Boot angeliefert.

Ein einzigartiger Ort und ein einzigartiges Erlebnis für alle, die sich in magischer Umgebung eine Auszeit von der Welt gönnen möchten.

The Grand Daddy

Airstream-Wohnwagen auf dem Dach eines Hotels

Mitten im Zentrum von Kapstadt liegt das The Grand Daddy, auf dessen Dach jüngst der „Rooftop Airstream Trailer Park" mit sieben Vintage-Wohnwagen der Marke Airstream eingerichtet wurde.

Die einzelnen Airstreams wurden von den renommiertesten südafrikanischen Designagenturen individuell gestaltet. Als Ensemble stehen sie bildhaft für einen Roadtrip durch Südafrika: Im Beach House dreht sich alles um heißen Sand und Wellenrauschen, im Rooftop Safari geben Tiermotive den Ton an, während der Gold Rush elegant in Schwarz- und Goldtönen daherkommt. Die Cape-Winelands-„Penthouse"-Suite, der größte Wohnwagen von allen, lädt zu einem gedanklichen Spaziergang durch die Weinberge des Landes ein.

Der Zugang zur Dachterrasse erfolgt über einen alten Fahrstuhl. Oben angekommen lässt sich bei einer der Gourmet-Boxen des Trailer 38 Sandwich Café (aus dem Erdgeschoss des Hotels) wunderbar der Ausblick genießen.

Die Skysuite
im Naturreservat Kagga Kamma

Eine Luxusunterkunft inmitten wilder Natur

Rund dreieinhalb Stunden nördlich von Kapstadt, am Rande der eindrucksvollen Zederberge, thront das Hotel Kagga Kamma inmitten einer fantastischen wilden und rauen Landschaft. Wer seinen Aufenthalt mit einem Erlebnis der ganz besonderen Art krönen möchte, mietet sich in der Skysuite ein, die etwa drei Kilometer vom Hauptgebäude entfernt am Fuße eines imposanten Felsens einzigartige Intimität inmitten freier Natur bietet.

Weit abseits des Alltags verbringen Sie hier die Nacht ohne Dach und Moskitonetz (und glücklicherweise auch ohne Mücken!) direkt unter dem Sternenhimmel.

Einige Schritte weiter bietet ein Naturpool willkommene Abkühlung. Ferner warten – ebenfalls unter freiem Himmel – eine Außendusche und eine frei stehende Badewanne auf Sie, bevor Sie es sich am offenen Holzfeuer unweit des „Schlafzimmers" gemütlich machen und den Tag entspannt ausklingen lassen.

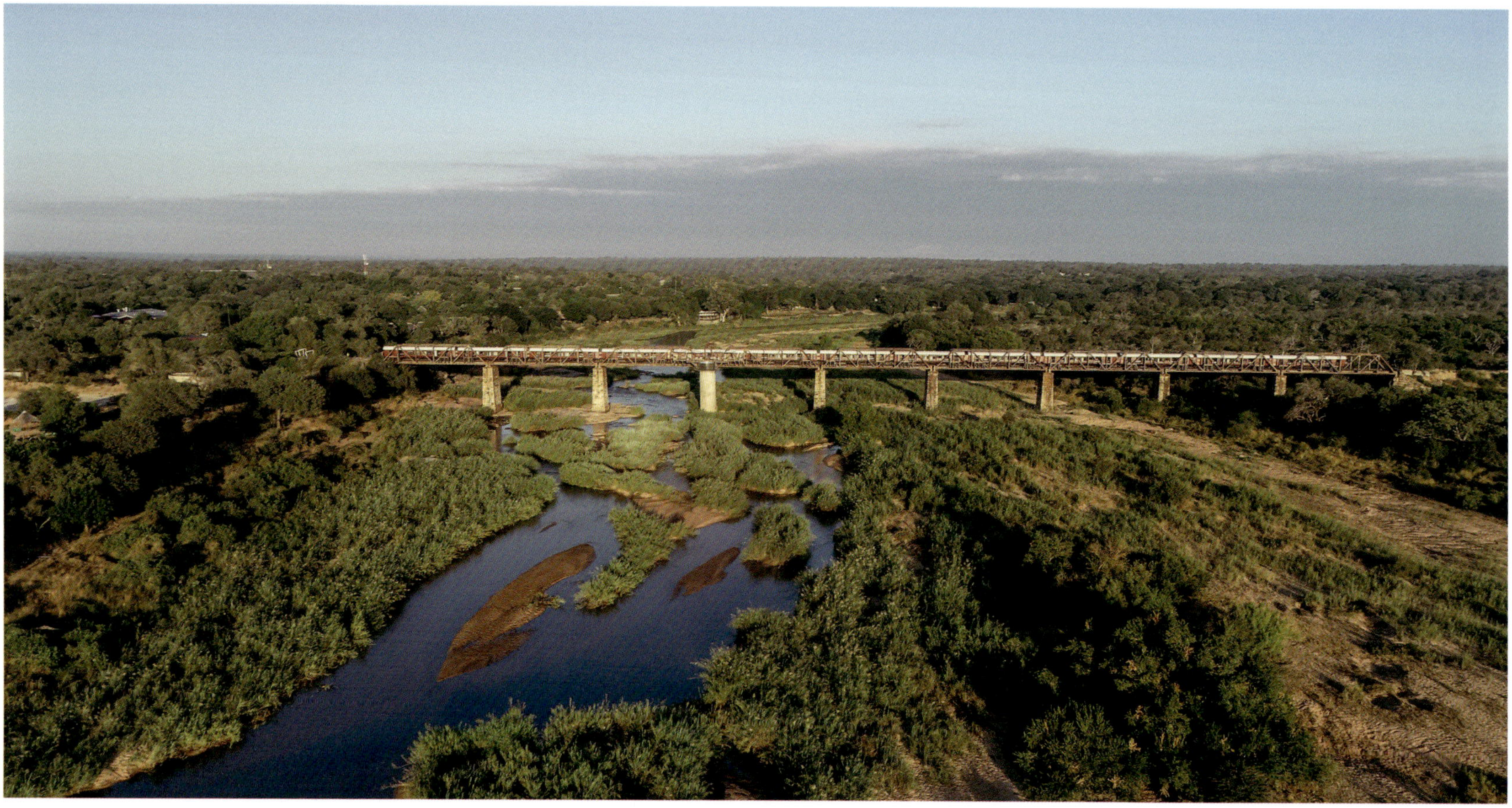

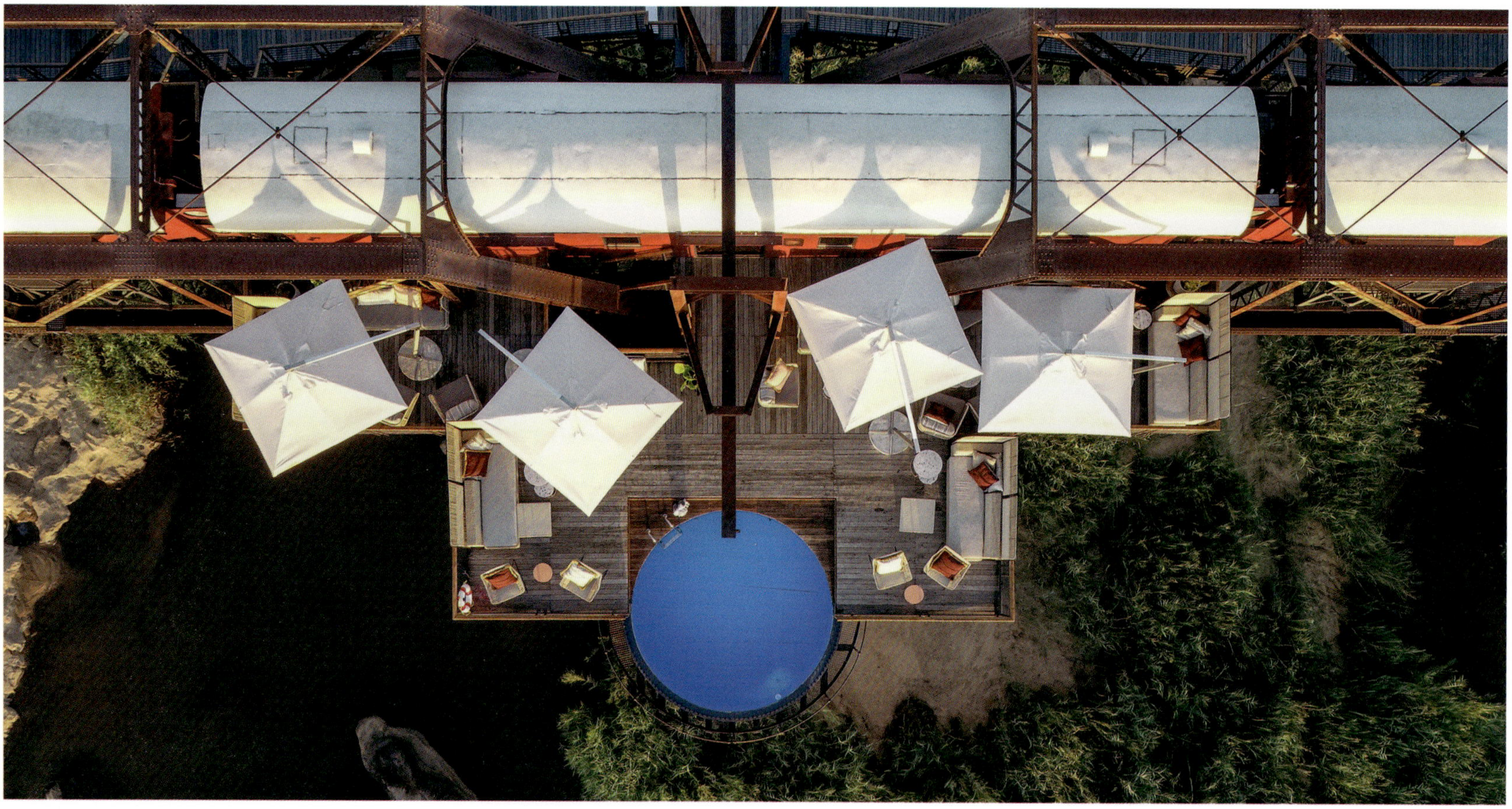

Kruger Shalati

Ein spektakuläres Hotel in Bahnwaggons auf einer Brücke

Am Eingang des berühmten Krüger-Nationalparks liegt mit dem Kruger Shalati ein wirklich außergewöhnliches Hotel. Untergebracht ist es in 24 Waggons eines Zuges, der inmitten einer Brücke über den Fluss Sabie „parkt". In den 1920er-Jahren bot die Schienenstrecke den einzigen Zugang zum Krüger-Nationalpark.

In gelungenem Art-déco-Ambiente nimmt heute jedes Zimmer einen ganzen Waggon in Anspruch. Durch große Fenster lässt es sich hier vom Bett (oder von der Badewanne) aus die Tiere unten im Park beobachten. Neben den 24 Waggons (sowie einem Pool und einer Lounge) auf der Brücke verfügt das Hotel über weitere Zimmer auf Flussebene, wo sich auch die Rezeption, ein weiterer Pool und ein Restaurant befinden. Im Preis enthalten sind zwei Safaris in der Umgebung, die als einer der besten Spots für die Sichtung von Löwen gilt. Einzigartig.

Hippo Point Wildlife Sanctuary

Ein Pagodenprunkbau mitten in einem Wildschutzgebiet

Die kunstvolle Pagode ist 40 Meter hoch und mit Holz aus kenianischen Zypressen verkleidet. Ihr Sockel hat eine Breite von zwölf Metern; im Inneren des neunstöckigen Turms befinden sich vier Doppelzimmer und ein Einzelzimmer. Das in Akazienbäume – die den Großteil des Naivasha-Sees säumen – eingebettete Bauwerk wird von den Tieren so vollkommen akzeptiert, dass die kurzsichtigen Nilpferde glauben, der Turm gehöre zur Landschaft und sei selbst eine hoch aufragende Akazie. Vom Turm aus kann man Affen, Vögel, Giraffen, Impalas, Zebras und natürlich die Nilpferde, die dem Wildschutzgebiet seinen Namen gaben, aus nächster Nähe beobachten. Der 1993 fertiggestellte „Dodo's Tower" war die exzentrische Idee von Dodo Cunningham-Reid, die in Kenia etwas ganz Besonderes bauen wollte. Der Turm, ursprünglich als Wochenenddomizil für Dodo und ihren Ehemann Michael gedacht, wenn sie ihr 250 Hektar großes Nderit-Anwesen besuchten, beeindruckt durch seine Liebe zum Detail. Auf der Spitze des Turms gibt es einen Aussichtspunkt mit 360-Grad-Rundumblick, eine Etage tiefer befindet sich ein Meditationsraum im Minarett-Stil, der mit großen Kissen dekoriert ist und einen tollen Panoramablick bietet. In den mittleren Etagen des Turms befinden sich die Schlafzimmer, die mit frischer russischer Bettwäsche und überdachten Veranden ausgestattet sind. Der mit Mahagoniholz getäfelte Salon, der wunderbar originell, luxuriös und doch funktionell eingerichtet ist, lässt sich über eine Wendeltreppe erreichen.

Am Nachmittag können Sie eine Rundfahrt auf dem See in einem wunderschönen Riva-Motorboot aus Teakholz unternehmen und anschließend ein Gourmet-Dinner bei Kerzenschein genießen. Der Turm des Hippo Point bindet die Aktivitäten der Gäste so harmonisch in die Tierwelt des Wildschutzgebietes ein, dass man vielleicht vergisst, dass die 500 Nilpferde, die sich im See suhlen und dabei friedlich mit den Ohren wackeln, jeweils zwei Tonnen wiegen. Da das Anwesen den Tieren Schutz bietet, sind sie in menschlicher Gesellschaft sehr entspannt und respektieren die Anwesenheit der Gäste, sodass man sie aus nächster Nähe in ihrem natürlichen Lebensraum erleben kann – was ebenso einzigartig wie lohnenswert ist. Ein magischer Ort!

Loisaba Star Bed

Vom Bett aus die Sterne beobachten

Das Wildniscamp Loisaba umfasst eine 25.000 Hektar große private Ranch und ein Wildschutzgebiet, in dem Besucher afrikanische Wildtiere im noch unberührten Busch beobachten können – so wie es war, bevor Zäune errichtet und Wildparkregeln aufgestellt wurden. Das Camp ist nicht nur wunderschön, sondern zugleich auch eine Rinderfarm, die in Zusammenarbeit mit Stammesangehörigen der Samburu und Massai bewirtschaftet wird, die dieses Land seit Generationen behüten. Ganz gleich, ob Sie in der Hauptlodge, im Haus, im Cottage oder in den Sternenbetten (Star Beds) übernachten – Sie werden eine Fülle von Wildtieren sehen und atemberaubende Ausblicke genießen.

Die Zimmer in der Lodge, im Cottage und im Haus sind sehr dekorativ mit handgefertigten Möbeln aus Loisaba eingerichtet. Die Lodge verfügt über einen Swimmingpool, einen Tennisplatz, einen Boccia-Platz und einen Krocket-Rasen. Außerdem gibt es ein Spa, das Massagen und Schönheitsbehandlungen anbietet: Das Highlight ist ein romantisches Sprudelbad im Freien mit Blick auf die unberührten Karissia-Hügel.

Besonders zu empfehlen sind die fantastischen Sternenbetten (Star Beds), in denen Sie den Sternenhimmel bequem vom eigenen Bett aus beobachten können.

GIRAFFE MANOR

Frühstück mit Giraffen auf einem Anwesen aus der Kolonialzeit

Das Giraffe Manor im Herzen von Langata, einem bürgerlichen Vorort im Süden Nairobis, wurde in den 1930er-Jahren im englischen Kolonialstil erbaut. Es ist per Taxi rund 45 Minuten von beiden Flughäfen der kenianischen Hauptstadt entfernt und bietet seinen Gästen mit seinen exklusiven Zimmern, einer wunderschönen Gartenanlage (6 Hektar in einem insgesamt 60 Hektar großen Wald) und einem schicken kolonialen Ambiente einen einzigartigen Empfang.

Der Name ist hier Programm: Im Giraffe Manor begegnen einem beim Frühstück oder zur Tea Time wie zu jeder anderen Tageszeit Giraffen, die sich ebenso wie die hauseigenen Warzenschweine auf dem Hotelgelände frei bewegen.

Die Giraffen stecken ihre langen Hälse gern schon beim Frühstück durchs Fenster, um sich direkt aus der Hand eine Leckerei abzuholen. Auch die Warzenschweine (die genauso aussehen wie Pumba aus *Der König der Löwen!*) erweisen sich, anders als ihr Äußeres vermuten lassen könnte, als angenehme, absolut ungefährliche Mitbewohner, denen man gern eine kleine Streicheleinheit zukommen lässt. Sehr teuer, aber absolut außergewöhnlich.

Niassam Hills Lodges

Zimmer in einem Affenbrotbaum

Die Niassam Hills Lodge ist im wahrsten Sinne des Wortes außergewöhnlich. Sie liegt in einer einsamen Gegend Senegals am eindrucksvollen Sine-Saloum-Delta und bietet einen tollen Ausblick auf eine Lagune und eine Insel, die mit prächtigen Affenbrotbäumen bewachsen ist.

Allein der Standort der Lodge ist einen Besuch wert! Obwohl die offizielle Fahrtzeit von Dakar aus drei Stunden beträgt, dauert die Fahrt oft fünf oder sechs Stunden – je nach Zustand des Fahrzeugs und dem meist horrenden Verkehr außerhalb von Dakar; vor allem in der Nähe von Rusfique, dem Albtraum aller Autofahrer im Senegal. Vielleicht kann man sich deshalb über die Ankunftszeit des Flugzeugs freuen (die meisten Flüge aus Europa landen mitten in der Nacht in Dakar), denn so entgeht man allen Verkehrsstaus.

Die gelb-schwarzen Taxis, die am Flughafen warten, sind teilweise in einem miserablen Zustand. Auch wenn die Senegalesen diese Defizite durch ihre legendäre Freundlichkeit (ihre zu Recht berühmte *teranga*, deutsch: Gastfreundschaft) wieder wettmachen, sollten Sie sich dennoch ein Auto von der Lodge schicken lassen.

Das Hotel selbst bietet 13 Zimmer: vier in den Affenbrotbäumen, vier auf Stelzen und fünf klassische (und daher weniger interessante) Unterkünfte.

Die Einrichtung der Affenbrotbaum- und Stelzenzimmer ist ausgesprochen gelungen: Holz, traditionelle Möbel, Moskitonetze. Die Umgebung ist wunderschön: Egal, ob man den Ausblick von einer der Hängematten auf den Balkonen der Affenbrotbaum-Zimmer oder von einem der Sessel auf den kleinen Terrassen der Stelzenzimmer (mit direktem Wasserblick) genießt: die Landschaft ist großartig, und die Atmosphäre lädt zu meditativen Tagträumen ein. Man sollte sich (falls verfügbar) für eines der zwei Stelzenzimmer auf der kleinen Privatinsel entscheiden, die über einen Wassersteg zu erreichen ist …

Dank der vielen *bandes dessinées* (Comicbücher) in der Bibliothek, einem Swimmingpool (der nicht ganz so schön wie die restliche Anlage, aber kindergerecht ist), einer sehr guten Küche und der Kajaks, die zur Verfügung stehen, wird man hier einen fantastischen Aufenthalt erleben.

ATLANTIS, THE PALM

IN EINEM RIESIGEN AQUARIUM SCHLAFEN!

Das Hotel „Atlantis, The Palm" ist ein riesiges Resort mit über 1.500 Zimmern. Es liegt am Ende der künstlichen Insel „The Palm" in Dubai und wurde im gleichen Design wie das Hotel „Atlantis" auf den Bahamas erbaut.

Wie von einem solchen Hotel nicht anders zu erwarten, verfügt das Atlantis auch über zwei ganz besonders ungewöhnliche Gästezimmer: die Unterwasser-Suiten „Neptun" und „Poseidon". Auf einer Fläche von 165 Quadratmetern, die sich über drei Etagen verteilen, bieten diese Suiten die grandiose Möglichkeit, direkt vor dem riesigen Lost-Chambers-Aquarium des Hotels – in dem rund 65.000 Fische und Meeressäugetiere leben – zu übernachten. Der riesige Hammerhai ist zwar nicht mehr da, aber im Aquarium tummeln sich nach wie vor unzählige Mantarochen. Das Spektakel ist wirklich beeindruckend: ob vom Bett oder von der Badewanne aus, man wird nicht aufhören können, den Tanz der Fische zu bewundern! Es ist auch möglich, direkt im Aquarium zu baden (der Preis – ein stolzer Preis! – muss im Voraus mit dem Hotel vereinbart werden). Durch die Glasscheibe, die das Aquarium von der Suite trennt, könnte man seinem Herzblatt (das natürlich klugerweise im Zimmer wartet) sogar einen Heiratsantrag machen ...

Ulpotha Yoga & Ayurveda Retreat

Ein magischer Ort

Ulpotha ist ein magischer Ort tief im Herzen von Sri Lanka. Hier kann man Yoga und Meditation praktizieren, ayurvedische Behandlungen genießen oder sich einfach nur entspannen und Freunde treffen. Das Dorf liegt in einer friedlichen, üppig grünen Naturlandschaft am Ufer eines wunderschönen, von Bergen umgebenen Sees (in dem man auch baden kann).

Ulpotha bietet seinen Gästen klassische, halboffene Hütten, ein Baumhaus (für zwei Personen) oder ein romantisches Stelzenhaus am See.

Wer eine noch intensivere Erfahrung sucht, kann sogar ein Retreat in einer Höhle (einige hundert Meter oberhalb des Sees) buchen und sich jeden Tag Essen liefern lassen ...

Perfekt für einige Tage fernab jedweden Trubels!

Taprobane Island

Ein Traum im Kolonialstil

Die Privatinsel Taprobane* ist ein wahr gewordener Traum! Sie liegt 50 Meter vor der Weligama-Bucht an der Südküste Sri Lankas und ist eine vierstündige Autofahrt von Colombo oder eine 30-minütige Fahrt von Galle entfernt. Bei Ebbe ist die Insel zu Fuß erreichbar (bei Flut wird man etwas nass). Das achteckige Gebäude wurde in den 1930er-Jahren für den Grafen von Mauny-Talvande (den Nachfahren eines Generals von Napoleon) erbaut; das Design ist im reinen Kolonialstil gehalten und von Palladio, dem bedeutendsten italienischen Renaissance-Architekten, beeinflusst. Bevor es in ein Mietobjekt umgewandelt wurde, lebten der amerikanische Schriftsteller Paul Bowles und später der Sohn des Künstlers Balthus in dem Gebäude.

Das Haus ist zwar nicht besonders luxuriös (zumindest bleiben die Preise so auch bei voller Belegung erschwinglich), aber recht angenehm zu bewohnen. Man kann jeden Tag an einem anderen Ort speisen, eine Massage in den luxuriösen Gärten genießen oder einfach im Overflow-Pool schwimmen (das Wasser ist seltsamerweise etwas kühl). Die fünf Mitarbeiter gehen gerne auf alle Wünsche der Gäste ein.

Man sollte ein paar CDs mitbringen, das einzigartige Privileg schätzen, sich an diesem außergewöhnlichen Ort aufhalten zu dürfen, und die Freuden, die Taprobane (die einzige Privatinsel Sri Lankas) bietet, in vollen Zügen genießen.

*Taprobane war der Name, mit dem die alten Griechen Sri Lanka bezeichneten. Die Insel erhielt ihren Namen von ihrem ersten Besitzer, der die Auffassung vertrat, dass die beiden Inseln zwar unterschiedlich groß seien, aber ungefähr die gleiche Form hätten.

Fotos © Justin Nicholas

DIE MURAKA-RESIDENZ IM CONRAD MALDIVES RANGALI ISLAND RESORT

EINE SPEKTAKULÄRE RESIDENZ IM MEER

Das Conrad Maldives Rangali Island Resort verfügt über insgesamt 150 Luxussuiten, von denen eine beeindruckender ist als die andere. Besondere Erwähnung verdient jedoch The Muraka, eine wahre Residenz vor der Küste im Indischen Ozean mit einem spektakulären, vollverglasten Schlafzimmer, das fünf Meter unter der Wasseroberfläche liegt.

Insgesamt haben in dem modern designten Gebäude neun Personen Platz: Oberhalb des Wasserspiegels befinden sich zwei weitere Schlafzimmer sowie alles, was das Herz für einen äußerst angenehmen Aufenthalt begehrt – vom Esszimmer bis zum Privatpool.

Crazy House – Hang Nga Guesthouse

Das expressionistische „verrückte Haus"

Das Gästehaus mit eigener Kunstgalerie wurde als privates Bauprojekt der vietnamesischen Architektin und Inhaberin Dang Viet Nga errichtet. Es hat ein organisches Design und sieht aus wie ein fünfstöckiger Banyanbaum. Seit 1990 ist das Gebäude auch für die Öffentlichkeit zugänglich. Da Nga als Tochter des verstorbenen Truong Chinh (des zweiten Staatspräsidenten Vietnams) eine privilegierte Stellung genießt, waren die Behörden nachsichtig mit dem ausgefallenen Bauprojekt der Architektin. Dennoch dauerte es über zehn Jahre, bis das Gebäude als „expressionistisch" anerkannt und das Bauprojekt offiziell genehmigt wurde.

Das Haus hat nur wenige Ecken und Kanten. Nga hat es nicht auf traditionelle Weise designt: Statt technische Zeichnungen und Baupläne anzufertigen, malte sie Gemälde und bat einheimische Handwerker darum, diese Bilder in Bauelemente zu verwandeln.

Sheraton Huzhou Hot Spring Resort

Ein spektakuläres, ringförmiges Design

Die Architektur des Sheraton Huzhou Hot Spring Resort – ein riesiger Ring – ist wirklich spektakulär. Dank des Beleuchtungssystems, das die Fassade nachts in verschiedenen Farben erstrahlen lässt, erinnert das Spiegelbild des Hotels im See an einen Vollmond.

Die beiden Türme des 27-stöckigen Gebäudes – Crystal und Jade – ragen rund 91 Meter in die Höhe.

Nicht weniger eindrucksvoll ist der Sockel der Türme. Sein Herzstück ist ein riesiger Brocken aus persischer Rohjade (bekannt als „heilige Jade"), der ein Gewicht von etwa 28 Tonnen hat. Die Decken und Säulenhallen des Hotels sind mit Intarsien aus Citrin verkleidet – Citrin ist eine Jadeart, die Reichtum symbolisiert. Die Rezeption und der Concierge-Pult sind mit Rosen- und Seidenstraßen-Kryolithen verziert – sie sollen an die Geschichte Huzhous als Startpunkt der alten Handelsroute der Seidenstraße erinnern.

Benesse Art House

Wie die Kulisse eines Science-Fiction-Films …

Das Benesse Art House ist ein faszinierender Ort. Die Architektur des Hotels ist irgendwo zwischen dem Film „James Bond – 007 jagt Dr. No" und der Fernsehserie „The Prisoner" angesiedelt, und ein Aufenthalt in diesem Hotel wird mit Sicherheit zu einer der schönsten Erinnerungen an Ihre Japanreise werden. Das Benesse Art House wurde von dem berühmten japanischen Architekten Tadao Andō erbaut und 1995 eröffnet. Seither wurde es ständig erweitert.

In einem Gebäude, das als Museum für die moderne Kunstsammlung der japanischen Multimillionärin Nobuko Fukutake dient, hat Tadao Andō rund ein Dutzend Räume eingerichtet, die Teil des Museums selbst sind. Der große Vorteil: Wenn die Museumsbesucher gegangen sind, steht Ihnen das gesamte Gebäude zur Verfügung und Sie können sich frei zwischen den Kunstwerken bewegen. Um von ihrem Zimmer aus zum Restaurant (in dem ein Gemälde von Basquiat hängt) zu gelangen, müssen Sie durch das Museum gehen … Neben Werken, die jedes internationalen Museums würdig wären (Alberto Giacometti, Jasper Johns, Sam Francis, Jackson Pollock, David Hockney …), wird ein Teil der Kunst auch unter freiem Himmel direkt am Strand ausgestellt, wo sich auch ein Jacuzzi befindet … Der Jacuzzi, der tagsüber und nachts genutzt werden kann, liegt neben einer außergewöhnlichen, wüstenartigen Vulkaninsel, die diesen Ort noch geheimnisvoller und rätselhafter macht. Das Hotel bietet verschiedene Zimmertypen, aber die Zimmer im „Oval" sind die beste Wahl. Sie sind über eine kleine private Einschienenbahn zu erreichen, die wirkt, als sei sie einem Science-Fiction-Film entsprungen – vor allem nachts, wenn das schwindende Licht der Zuglampe wie das Auge eines Zyklopen das Umfeld erhellt. Oben angekommen, ist auch der Eingang zum berühmten Oval spektakulär: In den Wänden, die einen kleinen ovalen Raum umschließen, verbergen sich sechs Türen, die zu den Schlafzimmern führen. Der umschlossene Raum – ein wahres architektonisches Kunstwerk – ist zum Himmel hin offen. Von den Zimmern genießt man einen tollen Ausblick auf das Meer, und die traditionellen japanischen Hightech-Toiletten werden bei Liebhabern von technischen Spielereien auf Begeisterung stoßen.

Das Treeful Treehouse

Eine Nacht unter Baumwipfeln

Im Herzen des von überbordender Natur geprägten Yambaru-Nationalparks auf der Insel Okinawa im Süden Japans empfängt das Hotel Treeful Treehouse seine Gäste, wie der Name vermuten lässt, mit stilvollen Zimmern in den Bäumen. Im Gegensatz zu vielen ähnlichen Anlagen, deren „Baumhäuser" gerade einmal einen oder zwei Meter über dem Boden schweben, befinden sich die Designer-Unterkünfte des Treeful Treehouse in beachtlicher Höhe und bieten einen 360°-Rundumblick.

Der gesamten Anlage liegt ein ökologisches Konzept zugrunde; der Rasen beispielsweise wird nicht mit dem Rasenmäher gemäht, sondern von Ziegen abgegrast.

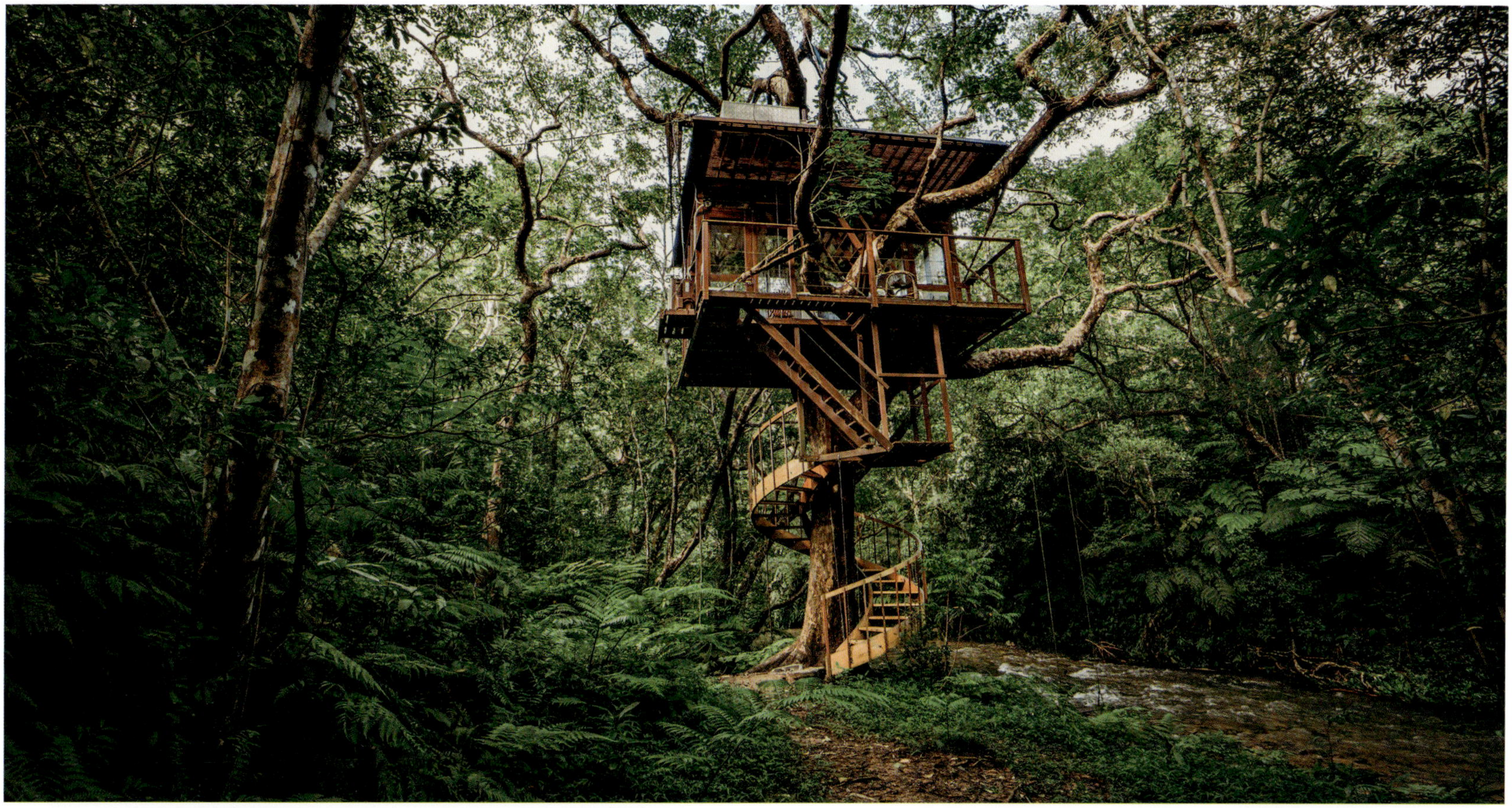

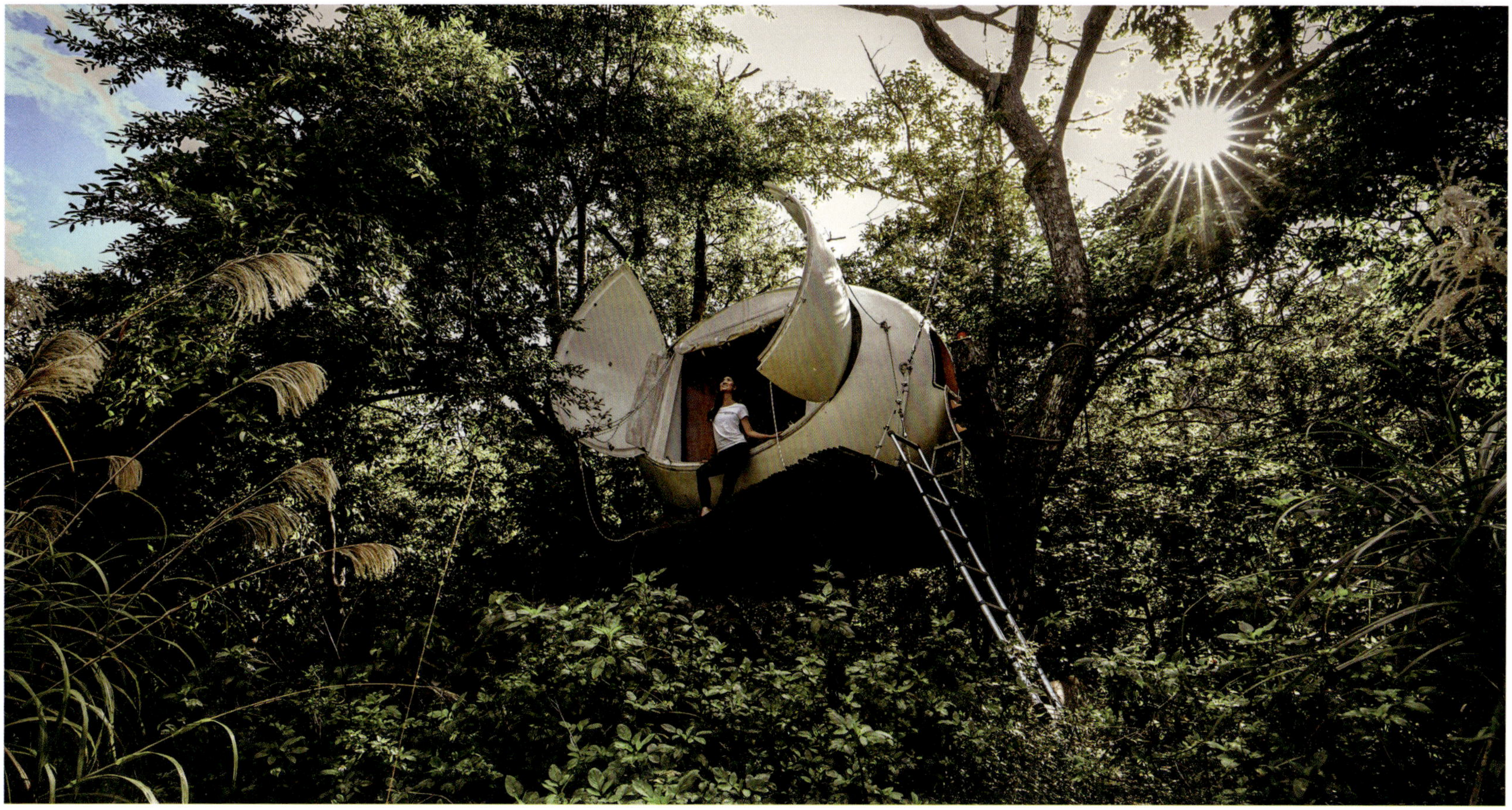

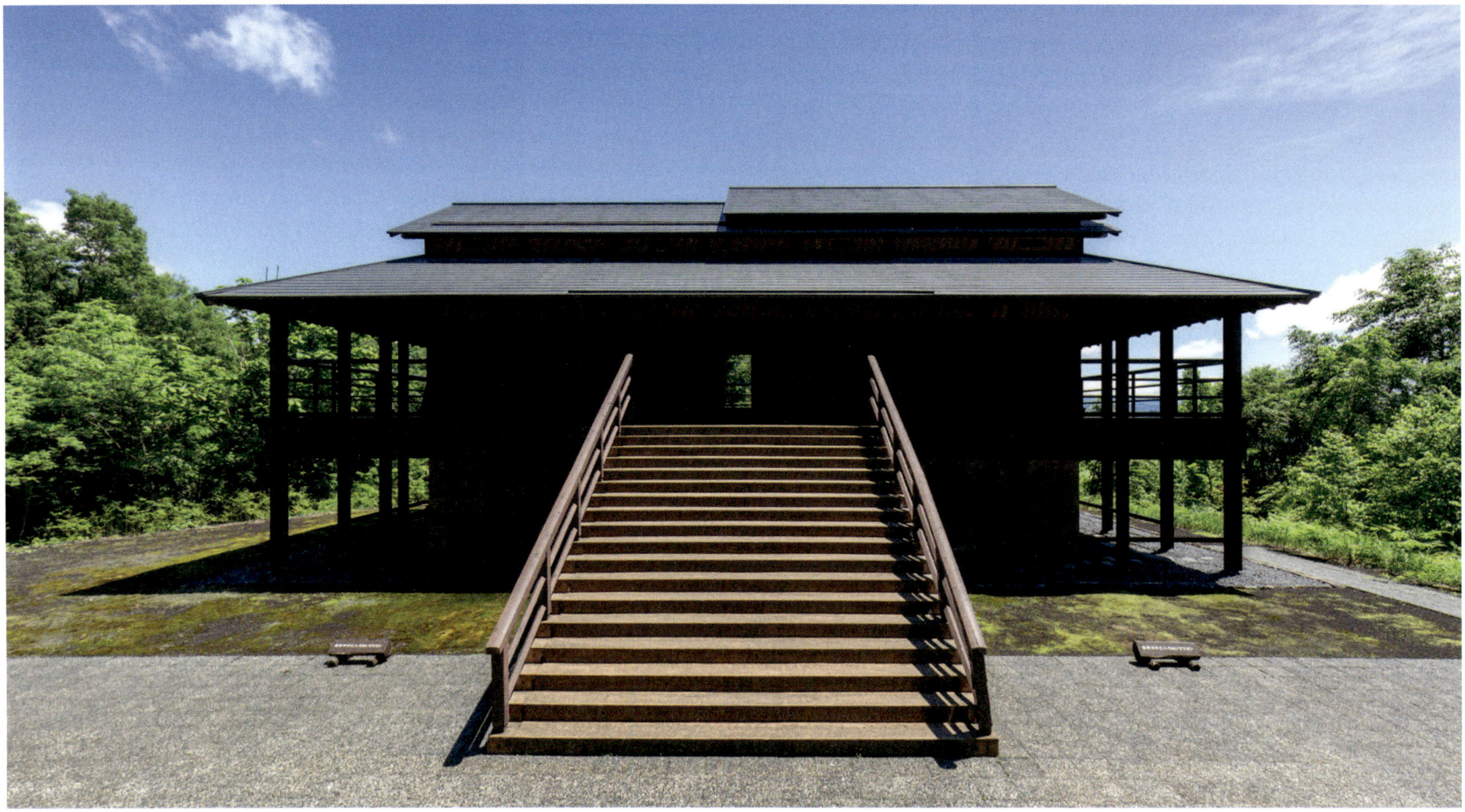

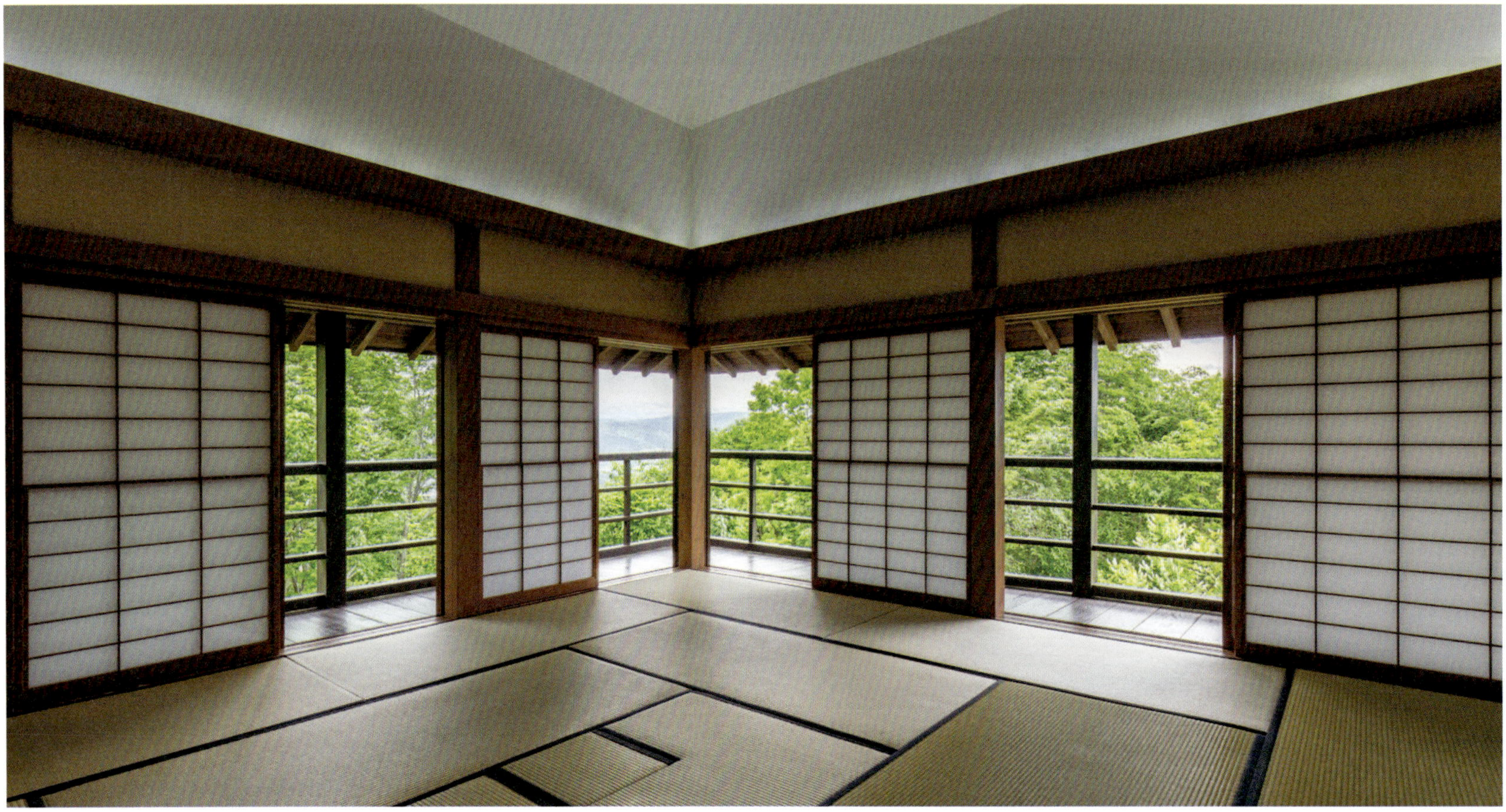

House of Light

Gebettet in einem Kunstwerk von James Turrell

In der Region Echigo-Tsumari, südlich von Niigata und nordwestlich von Tokio (rund 3,5 Autostunden), liegt mit dem *House of Light* das einzige Kunstwerk des berühmten amerikanischen Künstlers James Turrell, in dem man schlafen kann. Inspiriert von dem Essay *Lob des Schattens* von Junichiro Tanizaki ist das *House of Light* ein traditionelles japanisches Haus, in dem Licht und Schatten natürlicherweise besondere Bedeutung beigemessen wird. Highlight ist das Dach, dessen mittlerer Bereich geöffnet werden kann. Und so legt man sich bei Sonnenauf- und -untergang auf die Futonmatten, um die wechselnden Farben des Himmels zu bewundern, die, vermischt mit jenen des Hauses, ein sensorisches Erlebnis bieten, das an Meditation grenzt – ganz wie von Turrell gewollt.

PRAKTISCHE INFORMATIONEN

€: UNTER 100 €/NACHT - €€: 100 BIS 300 €/NACHT - €€€: ÜBER 300 €/NACHT

FREE SPIRIT SPHERES 7
420 Horne Lake Rd, Qualicum Beach,
BC V9K 1Z7, Kanada
info@freespiritspheres.com
freespiritspheres.com
€€

QUINTA REAL ZACATECAS 9
Segunda de Palomares, Zacatecas Centro,
98000 Zacatecas, Zac., Mexiko
reservaciones@caminoreal.com
caminoreal.com/en/quintareal/
quinta-real-zacatecas
€€

COSTA VERDE 11
Puntarenas Province, Quepos, Costa Rica
reservations@costaverde.com
costaverde.com
€€

CANOPY TOWER 13
Cerro Semáforo,
Avenida Omar Torrijos, Panamá
contactus@canopytower.com
canopytower.com/canopy-tower/
€€

SKYLODGE ADVENTURES SUITES 15
Pista 224 km, Urubamba-Ollantaytambo,
Urubamba, Peru
info@naturavive.com
naturavive.com/web/skylodge-adventure-suites
€€€

HOTEL MONTAÑA MÁGICA 19
Camino Internacional Panguipulli Neltume,
Panguipulli,
Región de los Ríos, Chile
reservas@huilohuilo.com
huilohuilo.com/en
€€

THE EGYPTIAN HOUSE 21
Chapel St,
Penzance TR18 4AW,
Vereinigtes Königreich
bookings@landmarktrust.org.uk
landmarktrust.org.uk/search-and-book/
landmark-groups/egyptian-house/#Search
€

GOTHIC TEMPLE 23
Stowe,
Buckingham MK18 5ED,
Vereinigtes Königreich
bookings@landmarktrust.org.uk
landmarktrust.org.uk/search-and-book/
properties/gothic-temple-8075/#Overview
€

BALANCING BARN 29
Thorington,
Halesworth IP19 9JG,
Vereinigtes Königreich
info@living-architecture.co.uk
living-architecture.co.uk/the-houses/
balancing-barn/overview
€€€

House in the Clouds　33
12A Uplands Rd, Thorpeness,
Leiston IP16 4NQ,
Vereinigtes Königreich
info@houseintheclouds.co.uk
houseintheclouds.co.uk
€€€

The Pineapple　35
Dunmore Park, Airth,
Falkirk FK2 8LU,
Vereinigtes Königreich
bookings@landmarktrust.org.uk
landmarktrust.org.uk/search-and-book/
properties/pineapple-10726/#Overview
€

The Beaumont　39
Brown Hart Gardens,
Mayfair, London
Vereinigtes Königreich
thebeaumont.com
€€€

A House for Essex　43
Black Boy Ln, Wrabness,
Manningtree CO11 2TP,
Vereinigtes Königreich
Eine Reservierung ist nur innerhalb weniger
Zeitfenster jedes Jahr möglich. Um zu erfahren,
wann es wieder so weit ist, abonnieren Sie den
Newsletter der Stiftung Living Architecture:
www.living-architecture.co.uk/the-houses/
a-house-for-essex/book/
info@living-architecture.co.uk
(44) 0-203 488 1584
€€€

Le carré Rouge　47
Route de Santenoge,
52160 Villars-Montroyer,
Frankreich
leconsortium@orange.fr
tourisme-langres.com/fr/carre-rouge-villars-
montroyer-01_le-carre-rouge
€€

Château du Val d'Arguenon　49
Rue du Val,
22380 Saint-Cast-le-Guildo,
Frankreich
chateau@chateauduval.com
chateauduval.com
€€

Villa Cheminée　51
Le grand quartier,
44360 Cordemais, Frankreich
info@levoyageanantes.fr
levoyageanantes.fr/hebergements/
villa-cheminee
€€

Buron de Niercombe　53
15800 Saint-Jacques-des-Blats,
Frankreich
burons-gites-auvergne.com/F_niercombe.html
€€€

Cadoles de La Colline du Colombier　55
Le Colombier, 71340 Iguerande,
Frankreich
troisgros.fr
la-colline-du-colombier@troisgros.com
€€€

HOTEL LE CORBUSIER 57
280, boulevard Michelet,
13008 Marseille, Frankreich
hotellecorbusier.com
€€

CHÂTEAU DE VALMER 59
Château de Valmer, 81, boulevard de Gigaro,
83420 La Croix-Valmer, Frankreich
info@chateauvalmer.com
chateauvalmer.com/fr/chambres/cabanes/
cabane-des-ecureuils
€€

FONDATION CAB 61
5766, chemin des Trious,
06570 Saint-Paul-de-Vence, Frankreich
fondationcab.com
spv@fondationcab.com
+33 4 921 124 49
€€€

LA CITERNE-LIT 65
Lac de Guirande, 46270 Felzins, Frankreich
greengo.voyage/hote/citerne-lit
€

HÔTEL MARTIN'S PATERSHOF 67
Karmelietenstraat 4, 2800 Malines, Belgien
martinshotels.com
€€€

HOTEL INNTEL ZAANDAM 69
Provincialeweg 102,
1506 MD Zaandam, Niederlande
infozaandam@inntelhotels.nl
inntelhotelsamsterdamzaandam.nl
€€

MARQUÉS DE RISCAL 70
C/ Torrea 1, 01340 Elciego, Álava, Spanien
marquesderiscal@marquesderiscal.com
marquesderiscal.com
€€€

HOTEL PUERTA AMÉRICA MADRID 75
Avenida de América, 41,
28002 Madrid, Spanien
booking@puertamericahotel.com
hotelpuertamerica.com
€€

HOTEL RALUY LEGACY 77
Plaça President Tarradellas,
Badalona, Spanien
info@circoraluy.com
circoraluy.com/hotel-con-encanto
€€

PALACE HOTEL DO BUSSACO 79
Mata do Bussaco, 3050-261 Luso, Portugal
almeidahotels.pt/en/bussaco-palace-hotel
€€

VILLA CRESPI 83
Via Giuseppe Fava, 18,
28016 Orta San Giulio NO, Italien
info@villacrespi.it
villacrespi.it
€€

ATELIER SUL MARE 87
Via Cesare Battisti, 4,
98079 Castel di Tusa ME, Italien
info@ateliersulmare.it
ateliersulmare.com
€€

Hotel Principe di Savoia 89
Piazza della Repubblica 17, 20124 Milan, Italien
reservations.HPS@dorchestercollection.com
dorchestercollection.com/en/milan/hotel-
principe-di-savoia
€€€

Villa Medici 91
Viale della Trinità dei Monti,
00187 Rome, Italien
Reservierung maximal vier Monate im Voraus
ausschließlich per E-Mail an:
standard@villamedici.it
Geben Sie an, dass Sie ein historisches Zimmer
möchten. Die Villa bietet auch einfache Zimmer an,
die deutlich günstiger sind
villamedici.it/fr/decouvrir-et-visiter-la-villa/
hebergement
€€€

Hotel Ještěd 97
Horní Hanychov 153, 460 08 Liberec 8,
Tschechische Republik
recepce@jested.cz
jested.cz
€€

V8 Hotel 99
Charles-Lindbergh-Platz 1,
71034 Böblingen, Deutschland
info@v8hotel.de
v8hotel.de
€€

Rogner Bad Blumau 100
Bad Blumau 100, 8283 Bad Blumau, Österreich
urlaubsschneiderei(at)rogner.com
blumau.com
€€

Almdorf Seinerzeit 105
Vorderkoflach 36, 9564 Patergassen, Österreich
welcome@almdorf.com
almdorf.com
€€€

Whitepod Eco-Luxury Hotel 107
Les Giettes, Des Cerniers,
1871 Monthey, Schweiz
whitepod.com
€€€

Iglu-Dorf 109
Iglu-Dorf GmbH, Rotzbergstrasse 15
6362 Stansstad, Schweiz
info@iglu-dorf.com
iglu-dorf.com
€€

Kolarbyn 111
Skärsjön, Fiskelevägen,
73030 Skinnskatteberg, Schweden
info@kolarbyn.se
kolarbyn.se/en/activity-romantic-
adventure-in-charcoal-hut
€€

Treehotel 113
Edeforsväg 2 A, 960 24 Harads, Schweden
booking@treehotel.se
treehotel.se
€€€

Jumbo Stay 119
Jumbovägen 4,
SE-190 47 Stockholm Arlanda, Schweden
booking@jumbostay.com
jumbostay.com
€€

ICEHOTEL 121
Marknadsvägen 63, 981 91 Jukkasjärvi, Schweden
info@icehotel.com
icehotel.com
€€€

ARCTIC BATH 123
Ramdalsvägen 10, 960 24 Harads, Schweden
booking@arcticbath.se
arcticbath.se
€€€

THE MANTA RESORT 129
Pemba Island, Zanzibar, Tansania
direct@themantaresort.com
themantaresort.com
€€€

THE GRAND DADDY 133
38 Long Street, Cape Town, 8001, Südafrika
info@granddaddy.co.za
granddaddy.co.za
€€

HOTEL KAGGA KAMMA 135
Breitengrad: 32°44'49.68"S
Längengrad: 19°33'46.94"E
Südafrika
reservations@kaggakamma.co.za
kaggakamma.co.za
€€€

KRUGER SHALATI 139
Selati Station and Bridge,
Skukuza rest camp Kruger National Park,
PO Box 360 Skukuza 1350,
Südafrika
reservations@krugershalati.com
krugershalati.com
€€€

HIPPO POINT WILDLIFE SANCTUARY 143
PO Box 1852, Naivasha, Kenia
hippopointkenya.com
casilda@hippopointkenya.com
€€€

LOISABA STAR BED 145
Breitengrad: 0°37'54.8"N
Längengrad: 36°50'45.5"E
Nanyuki, Kenia
reservations@elewana.com
elewanacollection.com/loisaba-star-beds
€€€

GIRAFFE MANOR 149
Gogo Falls Road, Nairobi, Kenia
info@thesafaricollection.com
thesafaricollection.com/properties/giraffe-manor
€€€

NIASSAM HILLS LODGES 155
Palmarin Ngallou, BP 03 Palmarin, Senegal
niassam.com
€€

ATLANTIS, THE PALM 157
Crescent Rd, The Palm Jumeirah, Dubai
Vereinigte Arabische Emirate
reservations@atlantisdubai.com
atlantis.com/dubai/rooms-and-suites/
signature-suites/underwater-suite
€€€

ULPOTHA YOGA & AYURVEDA RETREAT 161
7.907945, 80.365928 Embogama,
60718, Sri Lanka
info@ulpotha.com
ulpotha.com
€€€

TAPROBANE ISLAND 163
Weligama, Sri Lanka
info@thesunhouse.com
taprobaneisland.com
€€€

THE MURAKA – CONRAD MALDIVES
RANGALI ISLAND RESORT 165
Rangali islands 20077, Malediven
conradmaldives.com
€€€

CRAZY HOUSE–HANG NGA GUESTHOUSE 169
03 Đ. Huỳnh Thúc Kháng,
Phường 4, Thành phố Đà Lạt,
Lâm Đồng 66115, Vietnam
reservation@crazyhouse.com.vn
crazyhouse.vn
€

SHERATON HUZHOU HOT SPRING RESORT 171
No. 5858 Taihu Road,
Huzhou 313000, China
marriott.fr/hotels/travel/wuxsi-sheraton-huzhou-hot-spring-resort
€€€

BENESSE ART HOUSE 175
Gotanji, Naoshima-cho,
Kagawa-gun 761-3110,
Préfecture de Kagawa,
Japan
benesse-artsite.jp/en/stay
€€€

TREEFUL TREEHOUSE
SUSTAINABLE RESORT 177
2578 Genka,
Nago-shi - Okinawa,
Japan
info@treeful.net
treeful.net
€€€

HOUSE OF LIGHT 181
948-0122 2891 Ueno-Ko,
Tokamachi,
Niigata, Japan
hikari01@hikarinoyakata.com
hikarinoyakata.com
€€

Über den Jonglez Verlag

Thomas Jonglez

Im September 1995 hielt sich Thomas Jonglez in der Stadt Peschawar auf. Sie liegt im Norden Pakistans, 20 Kilometer von der Stammeszone entfernt, die er ein paar Tage später besuchen wollte. Dort kam ihm der Gedanke, alle verborgenen Winkel seiner Heimatstadt Paris, die er wie seine Westentasche kennt, schriftlich festzuhalten. Auf seiner Heimreise von Beijing, die sieben Monate dauerte, durchquerte er Tibet (wo er heimlich, unter Decken in einem Nachtbus versteckt, einreiste), den Iran und Kurdistan. Er reiste dabei nie im Flugzeug, sondern per Boot, Zug oder Bus, per Anhalter, mit dem Rad, dem Pferd oder zu Fuß, und erreichte Paris gerade rechtzeitig, um mit seiner Familie Weihnachten feiern zu können. Nach seiner Rückkehr verbrachte er zwei großartige Jahre damit, durch die Straßen von Paris zu streifen, um gemeinsam mit einem Freund seinen ersten Reiseführer über die verborgenen Orte seiner Stadt zu schreiben. Während der nächsten sieben Jahre arbeitete er im Stahlsektor, bis ihn seine Entdeckerleidenschaft wieder überkam. 2003 gründete er den Jonglez Verlag und zog drei Jahre später nach Venedig. 2013 verließ er mit seiner Familie Venedig auf der Suche nach neuen Abenteuern und unternahm eine sechsmonatige Reise nach Brasilien mit Zwischenstopps in Nordkorea, Mikronesien, auf den Salomon-Inseln, der Osterinsel, in Peru und Bolivien. Nach sieben Jahren in Rio de Janeiro lebt er heute mit seiner Frau und seinen drei Kindern in Berlin. Der Jonglez Verlag publiziert Titel in neun Sprachen und 40 Ländern.

Im selben Verlag erschienen

Bildbände

Atlas der geographischen Kuriositäten
Stilles Venedig
Verbotene Orte
Verlassenes Italien
Verlassenes Japan
Verlassene Kirchen – Kultstätten im Verfall
Verlassene UdSSR
Verlassene USA

Auf Englisch
Abandoned Asylums
Abandoned Australia
Abandoned Cinemas of the World
Abandoned France
Abandoned Lebanon
Abandoned Spain
After the Final Curtain – The Fall of the American Movie Theater
After the Final Curtain – America's Abandoned Theaters
Baikonur – Vestiges of the Soviet Space Programme
Chernobyl's Atomic Legacy
Forbidden Places – Exploring our Abandoned Heritage Vol. 1
Forbidden Places – Exploring our Abandoned Heritage Vol. 2
Forbidden Places – Exploring our Abandoned Heritage Vol. 3
Forgotten Heritage
Unusual Wines

„Soul of"-Reihe

Soul of Athen – 30 einzigartige Erlebnisse
Soul of Barcelona – 30 einzigartige Erlebnisse
Soul of Kyoto – 30 einzigartige Erlebnisse
Soul of Lisbon – 30 einzigartige Erlebnisse
Soul of Los Angeles – 30 einzigartige Erlebnisse
Soul of Marrakesch – 30 einzigartige Erlebnisse
Soul of New York – 30 einzigartige Erlebnisse
Soul of Rom – 30 einzigartige Erlebnisse
Soul of Tokio – 30 einzigartige Erlebnisse
Soul of Venedig – 30 einzigartige Erlebnisse

„Verborgenes"-Reiseführer

Verborgenes Berlin
Verborgene Dolomiten
Verborgenes Florenz
Verborgenes Genf
Verborgenes Hamburg
Verborgenes Istanbul
Verborgenes Kopenhagen
Verborgenes Korsika
Verborgenes Lissabon
Verborgenes London
Verborgenes Mailand
Verborgenes New York
Verborgenes Paris
Verborgene Provence
Verborgenes Rom
Verborgene Toskana
Verborgenes Venedig

Auf Englisch
New York – Hidden bars & restaurants
Secret Bali
Secret Belfast
Secret Brighton – An unusual guide
Secret Brooklyn
Secret Brussels
Secret Buenos Aires
Secret Campania
Secret Cape Town
Secret Dublin – An unusual guide
Secret Edinburgh – An unusual guide
Secret French Riviera
Secret Glasgow
Secret Granada
Secret Helsinki
Secret Johannesburg
Secret Liverpool – An unusual guide
Secret Los Angeles
Secret Madrid
Secret Mexico City
Secret Montreal – An unusual guide
Secret Naples
Secret New Orleans

Secret New York – An unusual guide
Secret Provence
Secret Rio
Secret Singapore
Secret Sussex – An unusual guide
Secret Tokyo
Secret Washington D.C.

Folgen Sie uns auf Facebook, Instagram und Twitter

Copyright-Fotos:

Free Spirit Spheres ©Mallory Owen - Quinta Real Zacatecas ©2013 Quinta Real Hotels - Canopy Tower ©David Tipling/Canopy Tower, ©Canopy Tower, Photo: RAdP - Costa Verde ©Hotel Costa Verde - Hotel Montaña Mágica ©Lodge Montaña Magica, Reserva Biológica Huilo Huilo - Skylodge Adventures Suites ©Skylodge Adventures - The Egyptian House, Gothic Temple, The Pineapple ©The Landmark Trust - Balancing Barn ©Jack Hobhouse - House in the Cloud ©House in the Cloud - Gormley-Zimmer im Hotel Beaumont ©The Beaumont - House for Essex ©Jack Hobhouse - Le carré Rouge ©André Morin/le carré rouge - Baumhäuser des Châteaus du Val d'Arguenon ©Cabanes du Château du Val d'Arguenon - Villa Cheminée, Tatzu Nishi, Bouée/Cordemais, Estuaire Nantes Saint-Nazaire 2009 ©Gino Maccarinelli - Buron von Niercombe © le buron de Niercombe - Cadoles de la Colline du Colombier ©les Cadoles de la Colline du Colombier - Hotel Le Corbusier ©Hôtel Le Corbusier - Baumhaus von Château de Valmer ©Jacques Garance - Zimmer Jean Prouvé der Fondation CAB ©Antoine Lippens - La Citerne-Lit ©Kristof Guez - „Best of Home" im Hotel Martin's Patershof ©Martin's Hotels - Hotel Inntel Zaandam ©Inntel Hotels - Marqués de Riscal ©Angélica Heras (S. 72) und ©David Mapletoft (S. 74) - Hotel Puerta America Madrid, Hotel Silken Puerta America (Madrid) Foto Rafael Vargas - Circo Museo Raluy © Hotel Raluy Legacy - Palace Hotel do Bussaco ©Thomas Jonglez - Villa Crespi ©Villa Crespi und ©Francesca Pagliai - Atelier sul Mare ©ART Hotel Atelier sul Mare, ©Jacques Garance - Präsidentensuite des Hotel Principe di Savoia ©Hotel Principe di Savoia - Villa Medici ©Assaf Shoshan für die Villa Medici und ©© Daniele Molajoli/Villa Medici - Hotel Ještěd ©Hotel Ještěd - V8 Hotel ©FrankHoppe/V8 HOTEL im Meilenwerk - Rogner Bad Blumau, Architektur ©Rogner - Baumhaus im Almdorf Seinerzeit ©Almdorf Seinerzeit - Whitepod Eco-Luxury Hotel ©Sofia de Meyer/Whitepod - Iglu-Dorf ©Iglu-Dorf - Kolarbyn, ©Kolarbyn/Photo Mikaela Larm - Treehotel ©Peter Lundstrom, WDO - Jumbo Stay ©Oscar Diös - Icehotel ©Jacques Garance - Arctic Bath ©Swedish Lapland DJI, ©Malin Saxcom, ©Bilder, ©Viggo Lundberg, ©Norrland, ©Pasquale Baseotto und ©AlexAndJames - Unterwasserzimmer im Manta Resort ©Manta Resort - The Grand Daddy ©2013 Granddaddy.com - Skysuite im Naturreservat Kagga Kamma ©Hotel Kagga Kamma - Kruger Shalati ©Kruger Shalati - Hippo Point Wildlife Sanctuary Tower ©Hippo Point (Management Ltd.) - Loisaba Star Bed ©2013 Loisaba Wilderness, Kenya - Giraffe Manor ©The Safari Collection - Niassam Hills Lodge ©Lodge de Niassam/François Goudier ©Nicolas van Beek - Atlantis, The Palm ©Atlantis, The Palm - Ulpotha Yoga & Ayurveda Retreat ©Ulpotha Yoga & Ayurveda Retreat - Taprobane ©Taprobane Island - Muraka-Residenz im Conrad Maldives Rangali Island Resort ©Justin Nicholas - Crazy House–Hang Nga Guesthouse ©2013 Madam Dang Viet Nga/Foto: Hoa Nguyen - Sheraton Huzhou Hot Spring Resort ©McLennan/SheratonHuzhou - Benesse Art House ©Nicolas van Beek, ©Benesse House, Fotograf: Fujitsuka Mitsumasa, ©Shinro Ohtake, Stern with Hole, Fotograf: Koji Murakami, ©Yayoi Kusama, Pumpkin, Fotograf: Shigeo Anzai, ©Cai Guo-Qiang, Cultural Melting Bath Project for Naoshima, Fotograf: Fujitsuka Mitsumasa, ©Kan Yasuda, The Secret of the Sky, Fotograf: Tadasu Yamamoto, ©Art House Project Hiroshi Sugimoto, Go'o Shrine, Fotograf: Hiroshi SugimotoCapsule Hotels, ©Jacques Garance - Treeful Treehouse Sustainable Resort ©Treeful Treehouse Sustainable Resort - House of Light ©House of Light.

Layout: Emmanuelle Willard Toulemonde - Übersetzung: Claudia Riefert und Tanja Felder - Lektorat: Sabine Hatzfeld, Christiane Manz und Johanna Kling - Herausgeber: Clémence Mathé

Gemäß geltender Rechtsprechung (Toulouse 14.01.1887) haftet der Verlag nicht für unbeabsichtigte Fehler oder Auslassungen, die in dem Reiseführer trotz größter Sorgfalt der Verlagsmitarbeiter möglicherweise vorhanden sind. Jede Vervielfältigung dieses Buches oder von Teilen daraus ohne ausdrückliche Genehmigung des Verlages ist untersagt.

© JONGLEZ 2022
Pflichtexemplar: September 2022 – 1. Auflage
ISBN: 978-2-36195-593-9
Gedruckt in der Slowakei bei Polygraf